ELEGIR SIN MIEDO

Susana Vázquez

ELEGIR SIN MIEDO

No hay edad para cumplir tus sueños

ESPASA

Espasa, en su deseo de mejorar sus publicaciones, agradecerá cualquier sugerencia que los lectores hagan al departamento editorial por correo electrónico: sugerencias@espasa.es

Espasa, sello editorial de Editorial Planeta, S. A.
Avda. Diagonal, 662-664, 08034 Barcelona (España)
www.planetadelibros.com
www.espasa.com

Diseño de la cubierta: Planeta Arte & Diseño
Fotografías de la cubierta y de la solapa: cortesía de la autora
Recursos de interior: © Rivabegum/Shutterstock

Primera edición: mayo de 2026

ISBN: 978-84-670-8184-8
Depósito Legal: B. 25.184-2026
Preimpresión: Safekat, S. L.
Impresión: Romanya
Printed in Spain - Impreso en España

PEFC Certificado
Este libro procede de bosques gestionados de forma sostenible
PEFC
PEFC/14-38-00305
www.pefc.es

A mi madre, que es mi ejemplo a seguir.
Y a mi hijo Leo.

ÍNDICE

Las sorpresas de la vida

Creo que todos tenemos una idea en la cabeza de cómo queremos que sea nuestra vida, quizá no un plan definido hasta el último detalle, pero sí unas líneas generales, una serie de cosas que deseamos que pasen sí o sí. Para algunos, ese plan implicará viajar por todo el mundo, formar una familia o dedicarse profesionalmente a la carrera que siempre han soñado. Según fui creciendo y convirtiéndome en una persona adulta, mi plan de vida fue poco a poco perfilándose en mi cabeza: quería mi propia familia. Soñaba con tener una casa bonita decorada con mis plantitas, mi perro y en la que vivieran también conmigo mi pareja y mis hijos. No es una lista muy complicada, ni muy ambiciosa, quizá ni siquiera sea muy original; estoy segura de que hay mucha gente con unos sueños muy similares a los míos. Pero siempre he sido una persona sencilla, sabía lo que quería y era eso. La verdad es que nunca me planteé no conseguir mis objetivos, no soy de ese tipo, soy más de luchar por lo que quiero hasta el final. Así que la idea de no lograr todos y cada uno de mis objetivos ni siquiera se me pasaba por la cabeza.

También tenía una idea más o menos clara de cómo iba a ser el recorrido hasta conseguir lo que quería: primero, encontraría a mi pareja y, según la relación se fuese haciendo más seria, adoptaríamos un perro; luego, nos casaríamos y después, tendríamos hijos; mientras tanto, yo sería policía y disfrutaría inmensamente dedicada a mi vocación. Ese era el plan, la mejor forma de conseguir todos mis objetivos. Imagino que muchas de las personas que quieren obtener cosas similares a las mías tendrán un plan similar al mío en mente. Es lo que entendemos como la progresión lógica de la vida, los pasos que hay que dar porque son los correctos. El problema es que las cosas no siempre salen como las planeas y, que quieras algo con todas tus fuerzas no te garantiza que alguna vez lo vayas a conseguir; al menos no como tú esperabas. Es lo que tiene la vida, es impredecible y de un día para otro puede cambiar radicalmente y dejarlo todo patas arriba.

Por eso, debemos aceptar que las cosas no siempre van a salir como soñábamos y que eso no significa que hayas fracasado, que lo estés haciendo mal o que estés en el camino equivocado, ni siquiera tiene por qué ser algo negativo. No sé si alguna vez te has dado cuenta, pero no hay un camino correcto en la vida; personalmente, no creo que eso exista. Si solo hubiera una forma válida de hacer las cosas, no seríamos personas, seríamos clones, y esto no sería la vida real, sino una película de ciencia ficción. A mí me gusta pensar que vivimos en un mundo en el que los diferentes caminos que se nos presentan son alternativas. No hay una mejor que otra, simplemente son distintas opciones. Si tu plan A no está funcionando, o no es lo que tú esperabas, como me pasó a mí, puedes pasar al plan B, o incluso al C. Y eso no significa que te hayas rendido o que te estés conformando con menos; simplemente, te estás adaptando a los obstáculos que te va poniendo la vida para lograr lo que te propones de una manera distinta.

Esto no es algo fácil de aceptar, lo sé, para mí tampoco ha sido sencillo. Primero, porque ver cómo tu plan de vida se desmorona por completo delante de tus narices no es la sensación más agradable del mundo; y, segundo, porque es muy difícil asimilar que tu vida va a ser diferente a lo que la sociedad considera correcto. Salirse del molde, vivir la vida que realmente deseas no es nada fácil; es un paso muy complicado y muchas veces habrá voces que te repitan que lo estás haciendo mal, que no tienes edad para esto o que tú sola no puedes obtener lo que te propones, porque la vida está pensada para vivirla de otra manera. Permíteme que te recuerde que es mentira, total y absolutamente mentira.

Porque si hay algo que he aprendido a lo largo de los años es a confiar en mí misma, a luchar por lo que quiero y a no dejar que nada ni nadie me diga cómo debo o no debo vivir. Pero, sobre todo, he aprendido a adaptarme, a modificar mis planes, no mis objetivos, porque esa es la única forma de seguir adelante, sin importar lo que la vida tenga reservado para ti, y aun así cumplir tus sueños. Creo firmemente que no hay una decisión acertada, ni un camino correcto, ni un plan perfecto. Es tarea tuya hacer de cada resolución la acertada; de cada camino el correcto; y de cada plan el perfecto. Y para eso no queda otra opción más que adaptarse. Además, qué manía tenemos de pensar que solo hay una manera de hacer las cosas. A mí me parece totalmente ridículo. Con lo diferentes que somos los unos de los otros, ¿cómo podemos pretender que todos encajemos en el mismo patrón? No tiene ninguna lógica.

Sé que si me hubiera rendido cuando quedó claro que mi plan inicial no iba a funcionar, no sería ni la mitad de feliz de lo que soy ahora. Porque la realidad es que he conseguido todo lo que me proponía. Tengo la suerte de levantarme cada día y dedicarme a algo que me apasiona; tengo a Tom, un perro fantástico que es mi gran amigo y apoyo en la vida; aunque no tengo pareja, he vivido unos años preciosos con gente estupenda y he estado muy enamorada; y ahora, por fin, soy madre de un hijo maravilloso. Sé que esto último puede sonar como una exageración, pero mi hijo Leo es el mejor niño del mundo y, cada vez que lo miro, me sorprendo de poder decir que soy su madre. Para mí es muy sencillo saber que esta es la vida que siempre he soñado, pero entiendo que, desde fuera, otros lo puedan ver de otra manera.

La realidad es que soy madre soltera y tuve a mi hijo con cincuenta años; por supuesto, esto se aleja muchísimo del plan de vida que tenía en mente. Supongo que para muchos mi decisión de ser madre soltera y con más edad de la media puede parecer una postura egoísta, algo que decidí de un día para otro, sin pensar bien en las consecuencias. Seguramente, la mayoría solo percibe desventajas en mi situación. Muchos incluso se han tomado la molestia, por llamarlo de alguna manera, de darme su opinión, que es básicamente que lo estoy haciendo todo mal. Pero, la verdad, no solo no me arrepiento de nada, sino que creo que, en realidad, lo que he hecho ha sido vivir mi vida siguiendo mis propios tiempos, mi propio camino, no el que la sociedad concibe como correcto, sino el que funciona para mí.

No estoy escribiendo este libro para decirle a nadie lo que tiene o no tiene que hacer, sería muy hipócrita por mi parte dar lecciones de vida después de todo lo que te acabo de contar. Lo que pretendo con todo esto no es más que mostrar una manera menos convencional de hacer las cosas; otro punto de vista para que veas que puedes vivir como tú quieres, no como te han impuesto. Jamás pensé que me encontraría aquí, escribiendo un libro para que otras personas lo lean. Seguro que has escuchado ese dicho de que en la vida hay que hacer tres cosas: plantar un árbol, montar en globo y escribir un libro. Árboles he plantado muchos y, aunque no he montado en globo, sí que he saltado desde un avión a tres mil metros de altura, así que esas dos cosas las puedo marcar como conseguidas. Esto del libro no lo hubiera pensado previamente; no era uno de mis objetivos. Creía que quizá no tenía nada lo suficientemente interesante como para contárselo al resto. Pero, la verdad es que estos últimos años, desde que me quedé embarazada, he descubierto que quizá sí que haya cosas que pueda compartir con la gente.

Hasta entonces, yo subía contenido regularmente a redes y se centraba en el deporte, porque es lo que hago en mi tiempo libre. Seguí haciéndolo cuando me quedé embarazada. Aún no sé muy bien cómo pasó todo, imagino que sería por la edad, porque me veían con el barrigón participando en carreras, entrenando con peso y saltando. De un día para otro, se multiplicaron mis seguidores y me llamaban periodistas. Y, por supuesto, llegaron los comentarios. Como te puedes imaginar, había un poco de todo, comentarios de ánimo, de sorpresa, con dudas, con preocupaciones, algunos buenos y otros malos (por no decir malísimos; la gente puede llegar a ser cruel en internet). Pero siempre leía algún comentario del estilo «Verte me ha devuelto la esperanza», «Qué ilusión verte embarazada y con tanta energía» o «Cada vez que te veo me ayuda a recordar que es posible». A mí eso me llena de alegría. No soy, ni pretendo ser, un ejemplo de nada, ni un modelo a seguir. Pero creo que, por cómo estoy decidiendo vivir, ejemplifico que las cosas se pueden hacer de otra manera.

Esto es lo que me gustaría que sacaras de esta experiencia que vamos a compartir. Al final, te voy a contar aspectos de mi vida o de cómo la vivo, y de cómo he llegado hasta donde estoy. De nuevo, no te lo cuento para que sigas mi ejemplo, ni quiero que te lo tomes como una guía a seguir para encontrar la felicidad. No tengo la verdad absoluta ni pretendo decirte lo que tienes que hacer. Pero sí pretendo que te tomes este libro como un recordatorio de que hay más de un camino, y eso no quiere decir que las rutas alternativas sean peores; simplemente, son diferentes. También quiero que este libro sirva para recordarte que puedes lograr lo que te propones; que, si quieres, puedes; y que no es demasiado tarde para perseguir tu sueño, ni para empezar de cero.

Pero tampoco soy ninguna ilusa, ni alguien que ve siempre el mundo de color de rosa. Sé perfectamente que hay veces que, por muchas ganas que le pongas a algo, las cosas no siempre salen bien y, en vez de vivir la opción A de tu vida, tienes que apostar por la B. Pero eso no significa que hayas fracasado o que lo hayas hecho mal. Quiere decir que la vida tiene guardadas otras cosas para ti y, con este libro, te animo a descubrirlas. Así es como a mí me gusta ver las cosas. Quizá es porque soy una persona positiva y me gusta encontrar el lado bueno. Y no por eso dejo de ser realista; solo elijo ver el vaso medio lleno. Dicho esto, te invito a que pases de página y empieces a leer. Espero que este libro te ayude a encontrar lo que estás buscando.

Quién era yo antes de ser yo

Echar la vista atrás y ver cómo has llegado donde estás es una sensación un tanto extraña. Es sorprendente lo claro que se ve todo cuando lo analizas desde una perspectiva completamente distinta, una vez que el tiempo ha hecho su trabajo. Los «errores» de repente se vuelven totalmente transparentes; las opciones «correctas» no podían ser más obvias y los problemas, que una vez pensaste que iban a suponer un antes y un después en tu vida, pasan a ser simples anécdotas. Si algo he aprendido en esta vida es que el tiempo se aporta una nueva perspectiva. Hay cosas que tienes que experimentar para aprender ciertas lecciones. Da igual los libros que leas, las películas que veas o las historias que te cuenten tus amigos, no sabes cómo vas a reaccionar hasta que te sucede a ti. Cuando pienso en la persona que era hace veinte años, me veo igual, pero diferente. Me explico: igual porque siempre he tenido las ideas muy claras, y sigo manteniendo los mismos principios que entonces, pero, a la vez, noto que he crecido, que he evolucionado, que estoy mucho más en calma conmigo misma. Seguramente, esto nos pase un poco a todos. Recuerdo esos momentos tan dolorosos o complicados, veo cómo reaccioné entonces, y hoy tengo la certeza de que habría actuado de una forma muy diferente; pero, claro, eso puedo decirlo ahora, que ya he pasado una vez por eso y sé cómo levantar cabeza y seguir adelante. Las cosas no se viven igual la primera vez que la segunda.

Es muy fácil que este tipo de reflexiones te lleven al arrepentimiento, a pensar que lo podrías haber hecho mejor o a preguntarte cómo no pudiste darte cuenta de eso que ahora te resulta ridículamente obvio. Para mí recordar el camino que he recorrido no es más que una forma de entender quién soy, una muestra de lo que he ido aprendiendo a lo largo de los años. Cada decisión que tomo en mi día a día es el resultado de todo lo que me ha pasado. Mirar atrás y saber que hoy habrías hecho las cosas de otra manera es maravilloso; no para arrepentirse del pasado, sino para agradecer la persona que eres ahora, y lo mucho que has crecido y evolucionado con el paso del tiempo. Por eso, me cuesta mucho entender por qué hay tantas personas que dicen eso de «ojalá tuviera otra vez veinte años». Estoy tan contenta con cómo estoy ahora, que tengo cincuenta, que no querría revivir mis veinte. Y no es porque lo pasara fatal, ni porque fueran unos años horribles, sino que la experiencia me ha ayudado a ser la persona que soy. Prefiero seguir cumpliendo años y disfrutar del presente, que vivir atrapada en el pasado. Me encuentro en uno de los mejores momentos de mi vida, si no en el mejor, y aunque soy quien soy gracias a mi «yo» de veinte, e incluso de quince años, ni siquiera se me pasa por la cabeza retroceder en el tiempo.

Recordar el camino recorrido es una forma de entender quién soy, y una muestra de lo que he aprendido a través de los años.

Sin embargo, por mucho que maduremos y aprendamos, el tipo de ser humano que somos se deja entrever desde el principio, aunque luego la vida nos vaya moldeando y definiendo. Pero esa base de nuestra personalidad está ahí, lista para ser explorada. Ahora que escribo esto, y me he puesto a pensar en cómo empezó todo, distingo en mi día a día las consecuencias de todo lo que he vivido, sobre todo durante las primeras dos décadas, que son quizá las que más nos influyen a todos posteriormente. Mi infancia, mi adolescencia y mis primeros pasos en la vida adulta han moldeado el tipo de persona que soy, y, aunque he aprendido y evolucionado con el tiempo, vislumbro la semilla de quien soy ahora incluso entonces. Tal y como lo concibo, esos primeros años de vida son la base, lo que nos da forma y predice en muchos aspectos cómo podría ser nuestro futuro. Por supuesto que luego la gente puede cambiar y optar por su propio camino, pero incluso esos cambios se perciben mucho antes de que nosotros mismos seamos conscientes de que suceden. Para mí, esos primeros años fueron claves y marcaron el rumbo que tomaría mi vida más adelante. Y no lo digo como algo malo, no todo lo que te marca y lo que te construye como persona tiene que ser negativo, sino más bien como una historia de origen y de cómo he llegado a ser quien soy.

Me resulta un poco extraño hablar de mí misma de esta manera, como si fuera un personaje de una película más que alguien real; pero creo que tú también, si lo piensas, puedes ir descubriendo pequeños aspectos de tu personalidad que son consecuencia de tus padres, de cómo fue tu infancia, de las cosas que pasaron y de las que no. De nuevo, no hablo solo de lo malo, sino de todo en conjunto, de las cosas buenas, de las menos buenas e incluso de esos detalles que parecen insignificantes, pero que te han acompañado hasta hoy. Si pienso en el recorrido de mi vida, descubro esos detalles que he heredado de mi madre, esos comportamientos que reconozco de mi padre. Las cosas que me gustan, las que no, los valores que tengo como persona. Todo lo anterior es consecuencia de lo que he vivido, de lo que he visto y de lo que me han enseñado. Incluso puedo ver el rastro de mis opiniones, según se han ido formando, a la vez que me iba haciendo mayor. Por eso, me parece necesario contarte cómo empezó todo, esos primeros años de mi vida que me marcaron. Hay ciertas cosas que tienes que saber de alguien para decir que la conoces, y, según mi punto de vista, la infancia, la adolescencia y tus primeros años como persona adulta explican en gran medida quién eres y por qué.

Soy quien soy por la persona que era con veinte o treinta años, pero ahora que he superado los cincuenta, creo que nunca he sido tan feliz.

Mis primeros años

Yo nací en Suiza de padres inmigrantes. Mi padre es gallego y mi madre, yugoslava; ambos llegaron a Suiza muy jóvenes, con unos catorce o quince años. Iban buscando trabajo, una vida mejor, como tanta gente en la época. Se conocieron con veinte años, se casaron y me tuvieron a mí; cuatro años después, llegó mi hermano. Vivíamos en una ciudad cerca de Zúrich. El primer idioma que yo aprendí fue el suizo-alemán, el que hablaban en casa mis padres, y que era nuestro idioma común. En la escuela infantil y más tarde en el colegio me enseñaron a escribir en el alemán estándar. La gente a veces se sorprende al oírme hablar en alemán y me pregunta que cómo es posible que me acuerde tan bien. ¿Cómo no voy hacerlo? Es el idioma con el que aprendí a hablar, a leer, a escribir, el idioma que utilicé cada día de mi vida hasta que nos marchamos de Suiza, cuando tenía doce años. Puede que no lo hable tan perfecto como un nativo; después de todo, no lo uso en mi día a día. También puede que no recuerde mucho de la gramática de una forma teórica, pero instintivamente sé cómo decir las cosas, o si una frase suena rara o no. No sabría explicarlo más allá de que ese fue el primer idioma que aprendí, el primero que usé para comunicarme con el mundo que me rodeaba.

Cuando pienso en mi infancia en Suiza, la recuerdo perfecta; prácticamente, idílica. Suiza es un país con una calidad de vida increíble, a nivel cultural, de educación, de estilo de vida, en general, incluso hace cincuenta años. Cuando hago memoria y evoco mi experiencia escolar en Suiza, no tiene nada que ver con la española, ni entonces ni ahora. Allí se hacía todo de otra manera, se fomentaba mucho más pasar tiempo fuera, en la naturaleza o en la calle, incluso en los momentos más crudos del invierno suizo. También se daba mucha importancia a las manualidades y al trabajo en equipo. Recuerdo que en la escuela infantil las profesoras nos sacaban a pasear, nos agarrábamos todos de la manita y salíamos a que nos diera un poco el aire. Eso es algo impensable hoy en día en España, pero la verdad es que yo lo disfrutaba mucho. Ahora que soy madre y llevo a mi hijo a la escuela, no puedo evitar pensar que ojalá las cosas se hicieran de otra manera. El hecho de que unos niños tan pequeñitos se pasen el día encerrados en una clase, que coman, jueguen y duerman en un espacio cerrado, no les aporta nada bueno. Creo que los niños deberían poder explorar y disfrutar, como hacía yo de pequeña en Suiza. Ahora con Leo intento salir todos los días a la calle a pasear a Tom, nuestro perro, o a jugar en los parques infantiles, llueva o nieve. También me parece muy importante asistir a obras de teatro, conciertos infantiles, actividades más sensoriales, y no hacer uso de pantallas. Leo tiene un año y diez meses y no utiliza tablet ni móvil, ni siquiera ha visto dibujos animados en la televisión.

En cuanto a mi vida familiar, para mi «yo» de entonces mi infancia era absolutamente perfecta. Salía a jugar a la calle siempre que podía y todos los fines de semana hacíamos barbacoas en el campo. Mi padre ha sido muy deportista y, cuando practicaba atletismo o fútbol, íbamos a verlo. Era camionero, por lo que, cuando estaba en casa mi madre intentaba que pasáramos todo el tiempo posible juntos, en familia. Mi madre también trabajaba fuera de casa. Siempre ha trabajado muchísimo.

En Navidades, veníamos a España, a Galicia, a visitar a la familia de mi padre, y el verano lo pasábamos en Alicante, donde se habían comprado una casita. Y así fueron los primeros doce años de mi vida. Mis padres nos cuidaron muchísimo, por eso ni mi hermano ni yo éramos conscientes de los problemas que tenían en su matrimonio. Nunca se levantaron la voz, ni discutieron delante de nosotros. De ahí que, cuando nos dijeron que se divorciaban, nos pillara a los dos tan de sorpresa.

Cuando pienso en mi infancia en Suiza, la recuerdo perfecta y prácticamente idílica.

UNA ADOLESCENCIA COMPLICADA

Aquella noticia provocó que mi vida diera un giro de ciento ochenta grados. Un día, mi vida era perfecta y al día siguiente todo había cambiado. Ese cuidado que tuvieron mis padres para que ni mi hermano ni yo fuéramos testigos de sus discusiones, cosa que ahora como mujer adulta agradezco inmensamente, de niña me confundió muchísimo. ¿Cómo iban a separarse mis padres, si tenían una relación magnífica, si éramos la familia perfecta? Me costaba mucho entenderlo y creo que eso hizo que no fuera capaz de asumirlo del todo; al menos, al principio. Mi hermano entonces era más pequeño, pero yo tenía doce años, a punto de entrar en la adolescencia, una época malísima para asimilar cosas así. Con el divorcio, mi hermano y yo nos quedamos con mi madre, como solía pasar en aquella época. Pero el caso es que nosotros, en Suiza, no dejábamos de ser extranjeros, aunque mi hermano y yo hubiéramos nacido allí, tanto por nuestra apariencia física como por nuestros nombres, no estábamos en consonancia con el lugar. No había muchas Susana Vázquez en Suiza, precisamente. Por eso, y porque la vida en Suiza era muy cara, mi madre decidió que lo mejor era emigrar a otro lado. Volver a su país natal no era una opción viable: la calidad de vida allí no era la que quería para sus hijos, y pocos años después empezó la guerra de los Balcanes. Entre unas cosas y otras, la opción más sensata fue emigrar a España. Tras el divorcio, mi madre se quedó con la casa en Alicante, por lo que allí acabamos los tres, mientras que mi padre permaneció en Suiza.

El traslado de Suiza a España fue un cambio tremendo. A mí se me hizo muy duro. Apenas hablaba español, lo justo que había aprendido cuando veníamos un par de semanas al año de vacaciones y, además, notaba que los ritmos de vida y las tradiciones eran muy diferentes. Fue un choque cultural y lingüístico enorme. La verdad es que lo llevé realmente mal. Recuerdo que hasta la forma que tenía de vestirme era diferente: yo iba con sandalias y calcetines en el Alicante de finales de los ochenta. ¡No podía llamar más la atención! Se metían mucho conmigo y lo pasé francamente mal. Aún recuerdo como si fuera ayer que escondía ropa en la mochila para cambiarme en las escaleras de mi casa sin que mi madre se diera cuenta, para que no se metieran conmigo en el colegio. Fue una época muy complicada. Tenía doce años, acababa de mudarme a un país cuyo idioma apenas hablaba, sin mi padre, y encima todo a mi alrededor era completamente distinto. Entré de lleno en la adolescencia y empecé a culpar a mi madre de todo lo malo que me pasaba. El divorcio, el cambio de país, los problemas en el colegio, hasta el más mínimo detalle de mi vida era, en mi cabeza, culpa de mi madre. Pensaba que nada de eso habría pasado si mi madre no se hubiera divorciado, porque entonces estaríamos en Suiza, donde yo hablaba perfectamente el idioma y la gente no se metía conmigo, mi padre estaría con nosotros y mi vida sería infinitamente mejor.

No hace falta que te diga que fui una adolescente terrible, muy rebelde. No le hacía ningún caso a mi madre. Desde muy joven llegaba tarde a casa y me eché novio con catorce años. Era mi primer amor, estaba perdidamente enamorada de él. A mi madre, por supuesto, no le gustaba nada ese chico. Tenía moto, fumaba y se mezclaba con quien no debía. Fue así como yo empecé a ver cosas que me asustaban bastante. Alicante por aquella época era, como muchos otros sitios de España, un lugar en el que el alcohol, las drogas y el tabaco campaban a sus anchas entre los más jóvenes. Era raro que no conocieras a alguien que estuviera, aunque fuera un poco, metido en ese mundillo. A mí eso desde el principio me provocaba mucho rechazo. Me parece que por eso he salido tan antidrogas y antitabaco, por todo lo que vi siendo tan joven. Muchas veces, situaciones como esta te hacen adoptar opiniones muy radicales, te dejas llevar y acabas metido en ese mundo tan oscuro y complicado o, al contrario, te intentas alejar todo lo posible para que no te toque nunca pasar por algo parecido. Afortunadamente, mi situación ha sido la segunda. Nunca me gustó el alcohol, no he bebido ni una copa de vino ni una cerveza, ni siquiera en celebraciones familiares, no me gusta nada su olor ni su sabor. Tampoco fumo ni he fumado nunca. Es cierto que mi madre tuvo una temporada de fumar dos cajetillas de tabaco al día, una locura, pero no es que creara un rechazo por eso; simplemente, siempre me desagradó el olor. Ni siquiera he estado nunca con una pareja que fume, porque me produce mucho rechazo.

Cuando mis padres se divorciaron, tenía doce años; estaba a punto de entrar en la adolescencia, una época malísima para asimilar una noticia así.

Fueron unos años muy complicados. No me avergüenzo de admitir que yo con mi madre me portaba cada vez peor. Si mi madre me pedía cualquier cosa, esto solo servía para que yo hiciera justo lo contrario. Hubo una vez que me escapé varios días de casa sin el permiso de mi madre para ir de acampada con unos amigos. La pobre llamó a la policía de lo asustada que estaba, pero las leyes de entonces no eran las de ahora. Hoy en día si desaparece una niña de quince años, su foto aparece hasta en el telediario; por aquel entonces, a mi madre le dijeron que se quedara tranquila en casa, que su hija ya aparecería. Cada vez que pienso en esos años, me siento realmente mal por todo lo que hice sufrir a mi madre. Tuvo que ser una verdadera tortura aguantarme en mis años de adolescente rebelde. Y la cosa no mejoró con los años. Cuando terminé la enseñanza obligatoria, me negué a seguir estudiando. No porque se me diera mal o sacara malas notas, todo lo contrario, sino porque yo lo que quería era trabajar y tener mi independencia, para hacer lo que deseaba con total libertad. Mi madre intentó convencerme para que siguiera estudiando, ella quería que yo tuviera una vida mejor que la suya. Pero, por supuesto, no le hice ni caso. Empecé a trabajar con dieciséis años en la cafetería de un amigo de mi madre y, con la intención de darme una lección y que volviera a estudiar, mi madre habló con su amigo para que me hiciera la vida imposible. Pero a mí a cabezona no me ganaba nadie, así que yo seguía trabajando como si la cosa no fuera conmigo. Recuerdo volver a casa un día, después de haber hecho todas las tareas que nadie quería hacer, y mi madre me preguntó que si había ido todo bien; por supuesto, yo respondí que sí, que ningún problema. La táctica de mi madre no funcionó y, cuando cumplí los dieciocho, empecé a trabajar también los fines de semana en una discoteca. Estaba claro que no iba a volver a estudiar.

Por aquel entonces, había dejado mi relación con ese chico, que, tal y como me había prevenido mi madre, no era una persona con la que debería haberme juntado. Pero mi fase rebelde no había terminado. Me saqué el carné de conducir a los dieciocho recién cumplidos, porque ya había cogido motos de amigos y me encantaba conducir. Tuve que esconder mi primera moto en el garaje de un amigo para que mi madre no supiera que la tenía, porque le daban mucho miedo, le parecían peligrosas. En cambio, a mí me encantaba coger la moto e irme a cualquier parte, incluso a circuitos. Entonces, supe que no podría dedicarme a un trabajo de oficina. Era demasiado activa. Pasarme el día sentada solo me volvería loca.

De golpe en la vida adulta

Un día, mi madre y yo tuvimos una discusión muy fuerte, como nunca la habíamos tenido. La situación en casa se había vuelto realmente agobiante, las discusiones entre mi madre y yo eran cada vez más frecuentes y grandes; pero esa vez fue terrible, me porté muy mal con ella. Ahí fue cuando me di cuenta de que eso no podía seguir así. En plena discusión, me vi desde fuera y no me gustó nada lo que vi. Me dio mucho miedo las cosas que dije, cómo me comporté, el nivel al que llegué. Es cierto que aún tenía mucho odio acumulado, y que no sabía qué hacer con él, pero culpar a mi madre por todo ni tenía sentido ni era justo.

Ahora que lo veo con perspectiva, sé que mi madre y yo chocábamos tanto porque en realidad somos iguales. He sacado todas sus manías, sobre el orden, sobre la limpieza, sobre detallitos que se notan mucho cuando convives con una persona todos los días. Además, en mi cabeza yo seguía culpando a mi madre por el divorcio y todo lo que vino después. Para mí, ella era el foco de todos mis problemas y eso me provocaba una ira interna que no era capaz de sofocar. Pero sabía que, si seguía viviendo en casa con mi madre, las cosas solo iban a ir a peor. Así que tomé una decisión que me parecía inevitable: alquilé una habitación y me marché de casa.

No fue hasta más tarde cuando mi madre me sentó un día y me contó la realidad de su matrimonio con mi padre. No voy a entrar en detalles, porque eso no incumbe solo a mi vida, sino también a la de mi familia, pero solo diré que mi madre y mi padre se comportaron como personas de su tiempo. Cosas que hoy en día nos parecen impensables, eran lo cotidiano de muchísimas personas hace cuarenta años. Estamos tan acostumbrados a cómo es la vida ahora, y a los estándares que ponemos, que no nos damos cuenta de lo mucho que ha cambiado todo en tan poco tiempo. Esa conversación con mi madre me abrió los ojos. Todos esos momentos que eran idílicos en mi memoria empezaron a tener otra lectura. Había otra parte de la historia que había pasado desapercibida para mí y para mi hermano, gracias al cuidado y a la atención que habían puesto mis padres para que no nos diéramos cuenta de cómo eran realmente las cosas. Fue un choque de realidad tremendo, pero muy necesario, como si me hubiera quitado de repente un velo que me había estado ocultando todas esas cosas que yo no era capaz de ver, porque mi madre me protegió de todo aquello. Ese odio que yo guardaba contra mi madre desapareció de golpe, porque por fin entendí que no se lo merecía. Incluso ahora, cuando recuerdo aquellos años, me duele pensar lo injusta que fui con ella. Mi madre no tuvo una vida fácil, hizo lo que pudo, y yo, encima, no se lo puse precisamente sencillo.

Al irme de casa, entré de lleno en la vida adulta. Mientras mis amigos seguían estudiando o se iban de fiesta, yo pasaba la mayor parte de mi tiempo trabajando. Entre semana cambié mi trabajo en la cafetería por un puesto de recepcionista en una peluquería; por las tardes, trabajaba como traductora de alemán e italiano en una empresa de mármoles, y los fines de semana seguía de camarera en una discoteca. Estaba probando por fin a qué sabía la independencia, podía hacer lo que quisiera, tomar mis propias decisiones. Fue una sensación de libertad tremenda. Además, como suponía, la relación con mi madre mejoró desde que puse un pie fuera de su casa. Vivir cada una en la suya tuvo un efecto muy positivo en ese sentido.

No utilicé esa recién adquirida libertad para hacer las locuras que esperas de una chica de diecinueve años. Nada más lejos de la realidad. Cuando digo que entré de lleno en la vida adulta, lo digo completamente en serio. Esa habitación que había alquilado se me hizo pequeña pronto, y quería desesperadamente mi propio espacio, sin tener que compartirlo con nadie. Así que me pasó como nos ocurre a todos, una vez que empiezas a ver todo lo que te puede ofrecer la vida adulta, tus ambiciones van subiendo. Como yo no hacía más que trabajar todos los días, logré meterme en una hipoteca a los diecinueve, una cosa muy complicada entonces e impensable hoy en día. Y, por supuesto, no me quedé ahí, me compré una moto más grande, luego un coche y, por fin, adopté a mi primer perro, Danko, un bello y noble bobtail. Los bobtail son perros bastante grandes, así que parece que desde siempre me han gustado los perros de gran tamaño. Recuerdo que ese era uno de los temas que más echaba en cara a mi madre cuando era adolescente, porque no me dejaba tener un perro. A mi madre le gustan los animales tanto como a mí, incluso más, pero nunca me permitió tener uno. Una decisión que me parece totalmente comprensible ahora que soy adulta, porque bastante tenía ya la pobre con criar a dos niños, ocuparse de las tareas de casa y trabajar siendo extranjera en un país nuevo, ¡como para encima cuidar a un perro! Pero, es cierto que, en ese momento, con catorce años, me parecía la injusticia más grande del mundo. Le montaba unos espectáculos tremendos a mi madre con lo de tener un perro, me cogía unos berrinches de manual. De hecho, en esa época rescaté a varios perros callejeros, que era muy típico que estuvieran sueltos por la calle.

Y así me adentré en los veinte, siendo mucho más adulta de lo que era la gente de mi edad que me rodeaba en aquella época. Fue entonces cuando conocí a mi primer novio serio. Él era el dueño de la discoteca en la que yo trabajaba los fines de semana y nos conocimos así, en el trabajo. Nuestra relación se fue desarrollando como esperas de una relación adulta seria, y yo estaba muy contenta. Estaba bastante satisfecha con mi vida, que giraba en torno a mi trabajo, mi perro y mi pareja, todo iba muy bien. Él era originariamente de Madrid y no era ningún secreto que su intención era volver allí en algún momento de su vida. Cuando me dijo que iba a vender la discoteca para mudarse a Madrid, me ofreció irme a vivir con él. Yo no quería que nuestra relación terminara, estaba muy enamorada y éramos muy felices, así que le dije que sí y empecé con él todo el proceso de mover mi vida entera a la capital.

Mi madre, mi hermano y yo no nos habíamos movido de Alicante desde que llegamos de Suiza, por lo que esa ciudad era ya mi hogar, donde yo había pasado la mayor parte de mi vida. Fue un proceso difícil, pero lo enfrenté con ganas. Ya entonces era una persona con bastante confianza y no me costaba tomar este tipo de decisiones. Aun así, la actitud no lo es todo: muchas veces surgen problemas que te hacen dudar de tu propia fortaleza. Madrid era una ciudad totalmente distinta a Alicante, mucho más rápida, más frenética, con mucha gente, y estaba sin mi familia y sin mis amigos, lo que hacía que todo fuera más difícil. Aún recuerdo un día, al poco de llegar, que me perdí en El Corte Inglés de la Castellana. Entré a comprar algo, no sé muy bien el qué, y solo recuerdo que entré por una puerta y ya no fui capaz de volver a encontrarme. No se me va a olvidar nunca la impotencia que sentí dando vueltas por ese centro comercial inmenso, llorando como una magdalena porque creía firmemente que no iba a salir nunca de allí.

Mi madre no tuvo una vida fácil y yo, encima, no se lo puse sencillo.

Entre unas cosas y otras, mi vida durante todos mis veinte consistía en mi trabajo, mi pareja, mi moto y mi perro. Cuando miro atrás, creo que eso es todo lo que hice, trabajar constantemente. Por aquel entonces, yo no tenía la sensación de estar sacrificando nada; me gustaba estar con mis amigos, pero no salir de fiesta; y yo lo que quería era vivir bien, así que no dejaba de trabajar. Ni siquiera se me pasaba por la cabeza hacerlo. Tal y como lo veo hoy, se podría decir que me convertí en adulta muy pronto. Nada más terminar el colegio, me metí de lleno a asumir todas esas responsabilidades y, entre unas cosas y otras, no hacía nada más que trabajar. Esto no lo digo con arrepentimiento, ni con la sensación de haber tomado malas decisiones. De hecho, hoy no lo habría hecho de ninguna otra forma. Siempre he sido así de independiente y las decisiones que tomé tenían todo el sentido del mundo: soy quien soy gracias a ellas. Aun así, también soy capaz de ver qué consecuencias tuvieron esas decisiones más adelante en mi vida. Todo tiene mucho más sentido cuando lo ves desde otra perspectiva.

Supongo que ahora empiezas a entender un poco mejor a qué me refiero con eso de que la infancia, la adolescencia y los primeros años como adulto aportan una información muy relevante a la hora de conocer a una persona. Seguramente, ya tengas una imagen un poco más definida de mí y empieces a ver de dónde vienen ciertos aspectos de mi vida que forman una parte crucial de mi día a día. Te invito a que hagas lo mismo: piensa en tus primeras décadas de vida, seguro que eres capaz de encontrar esos detalles de los que te hablo. No te centres solo en lo malo, en los momentos difíciles o en los recuerdos menos buenos, piensa también en esas épocas en las que fuiste tan feliz, porque no es solo lo negativo lo que influye en nuestra vida. Es muy fácil pensar que uno de los eventos que más han afectado al curso de mi vida fue el divorcio de mis padres, y lo fue. Pero, analizándolo con cuidado, creo que mi infancia en Suiza también fue algo que me impactó mucho y que afecta enormemente en quién soy ahora. Incluso con el paso de los años y con una visión más realista de lo que pasaba, no puedo evitar sentir que fue maravillosa, porque para mí lo fue.

Viéndolo con perspectiva, creo que me convertí en adulta muy pronto y eso influyó mucho en cómo se fue desarrollando mi vida según pasaban los años.

Fueron esos primeros años como persona adulta los que más me han moldeado en cómo soy hoy en día. Empezar a trabajar tan pronto me hizo espabilar muy deprisa, ver la realidad tal y como era, todo eso mucho antes que la mayoría. A mí todo esto me salía solo, no era algo que tuviera que forzar. A mí nadie me obligó a trabajar ni a independizarme, fueron decisiones que tomé porque creía que eran lo mejor para mí. Cuando echas la vista atrás, con todo lo que has aprendido en el camino, puede que te plantees alguna acción concreta que hubieras hecho de otra manera. Pero eso no es real, porque si no hubiera tomado las decisiones que tomé, no sería la persona que soy ahora. Siempre llego a la conclusión de que no sirve de nada arrepentirse ni estar lamentando cosas que no han sucedido y no van a hacerlo. Todo lo que hice fue para sentirme más segura en ese momento. Hablar de equivocaciones carece de sentido.

Uno de los beneficios que tiene empezar tan pronto en esto de la vida adulta y sus responsabilidades es que logré la estabilidad económica muy rápido: tenía mi casa, mi relación seria y mi perro; tres cosas que consideraba unos pilares indispensables para mi vida. El hecho de que llevara tanto tiempo trabajando en distintos sitios, con horarios y tareas completamente diferentes, hizo que en mi cabeza se formara una idea cada vez más clara del tipo de trabajo al que me quería dedicar el resto de mi vida. Ya sabía que era demasiado activa para una oficina, que necesitaba algo más dinámico, y después de tantos años trabajando de cara al público, había adquirido unas habilidades sociales muy útiles para relacionarme con clientes. Esto, junto con una predisposición que ya tenía de pequeña, es lo que me llevó a descubrir a qué me quería dedicar. Yo lo que quería era ser policía.

Ser policía siempre fue mi vocación

Incluso antes de la mudanza a Madrid, la idea de ser policía me rondaba por la cabeza. Era un trabajo que me llamaba bastante la atención por muchos motivos. Primero, porque no soy el tipo de persona que aguantaría mucho en un trabajo que precisara estar sentada delante de un ordenador, con un horario fijo de jornada completa y que consistiera en hacer prácticamente lo mismo todos los días. No lo digo como algo malo, ni mucho menos, simplemente sé que no estoy hecha para eso, como ya he comentado antes. Tan solo pensar en la idea de pasar el día frente a un escritorio mirando una pantalla... creo que me volvería completamente loca. Además, ser policía era una idea que venía ya de lejos. De pequeña, siempre me habían gustado los uniformes, una cosa un poco rara, lo sé; con el paso de los años, ese interés se fue transformando en una vocación para ayudar a los demás, que derivó en mi deseo de ser policía. Ni mi madre ni mi padre se dedicaban a nada parecido, como es el caso de muchas personas que tienen este tipo de trabajos, pero algo debieron hacer para que su hija saliera policía y su hijo, mi hermano, bombero. De una forma u otra, nos criaron para que creciéramos con la vocación de ayudar a los demás.

Cuando me mudé a Madrid, estaba cerca de los treinta y llevaba ya quince años trabajando sin parar, por lo que no sentía la necesidad que tenía la gente de mi edad de probar cosas nuevas para ver qué era lo que más me gustaba. Supongo que una ventaja de empezar tan pronto a ser adulta es que, al final, hay una serie de decisiones y de pasos que das antes que el resto. Aun así, me costaba arrancar con el proceso de prepararme las oposiciones. A pesar de saber perfectamente que yo quería ser policía, se me hacía un cambio demasiado grande en mi vida, y reconozco que me abrumaba bastante. Las oposiciones no son nada sencillas, requieren un tipo de disciplina muy específica para no abandonar y seguir adelante cueste lo que cueste. Además, es una de esas situaciones en las que la recompensa muchas veces no se corresponde con todo el esfuerzo que vuelcas en el proceso. Una oposición no es solo cuestión de aprobar o no un examen, sino de conseguir la plaza que quieres, cosa que depende no solo de lo bien que hagas tu examen, sino de lo bien que lo hagan los demás. Las oposiciones son un objetivo claro y difuso a la vez, lo que lo hace todo aún más complicado.

Paré el ritmo trepidante de mi vida para prepararme unas oposiciones: no abandoné y seguí adelante hasta el final.

Aun así, no podía seguir engañándome. La decisión la tenía ya más que tomada: deseaba ser policía. Una vez que sé lo que quiero, no hay manera de hacerme cambiar de opinión. Era más una cuestión de cuándo me iba a poner a ello. Muchas veces, ese primer paso es el que más cuesta, ya sea porque supone un cambio enorme en tu rutina diaria o porque sabes que, una vez que lo des, ya no tienes más remedio que continuar. Lo que yo necesitaba en aquel momento era un empujoncito, algo que me sirviera para convencerme de que tenía que ponerme a ello ya y no demorarlo más. Ese empujoncito llegó con la mudanza a Madrid. Me dije a mí misma que si iba a cambiarme de ciudad, y a empezar de cero en la capital, era el momento idóneo para cambiar mi rutina y prepararme las oposiciones en serio. En el fondo, sabía que eso no era más que una excusa, pero a veces eso es justo lo que necesitamos para dar el salto, una pequeña excusa que nos sirva de justificación para convencer a nuestro cerebro de que es el momento adecuado para emprender eso que llevas tanto tiempo queriendo realizar.

Me volqué de lleno en este nuevo objetivo, tenía una línea de meta muy clara y no iba a parar hasta cruzarla. Aun así, confieso que fue una época bastante dura. Entrenaba, estudiaba y vuelta a empezar; no tenía tiempo para nada más. Mi vida giraba única y exclusivamente alrededor de las oposiciones y del objetivo de ser policía. Me pasaba los días encerrada en la biblioteca, recuerdo que estaba ahí metida hasta el día de Reyes; para mí, los festivos no existían. No hace falta que explique el desgaste físico y mental que supone prepararse para una prueba de este tipo. Es realmente agotador. Aun así, la idea de abandonar nunca se me pasó por la cabeza. Nunca dudé que fuera a conseguir lo que me proponía.

También es cierto que estaba tan centrada y ocupada durante el día que no tenía tiempo ni para dudar de mí misma. Lo que me motivaba para seguir adelante era que sabía que esto era una situación temporal, un sacrificio momentáneo que supondría un beneficio enorme más adelante, costara lo que costase. Después de un año y medio de duro estudio y entrenamiento, conseguí aprobar y entré en la academia. A los treinta ya era policía.

Muchas veces ese primer paso es el que más cuesta, ya sea porque supone un cambio enorme en tu rutina diaria o porque sabes que una vez que empieces ya no tienes más remedio que continuar.

Por fin soy policía

No tardé mucho en darme cuenta de que ser policía era la mejor decisión que podía haber tomado. Era justo lo que yo quería, el tipo de trabajo que había estado buscando. Tampoco tardé en darme cuenta de que mi turno ideal era la noche. Durante los seis meses de prácticas reglamentarias, una vez terminada la academia, tuve la oportunidad de probar los distintos turnos que podría hacer una vez obtuviera oficialmente mi plaza. Cada turno tiene sus cosas, sus tareas, sus peculiaridades. Yo sabía perfectamente que no quería ser el tipo de policía que se sienta detrás de una mesa todo el día, ni dirigir el tráfico, ni pasarme la mañana en el mercadillo comprobando el espacio que debe ocupar cada puesto. Con esto no quiero desprestigiar el trabajo de nadie, ni muchísimo menos, no creo que mi trabajo sea más importante que el de mis compañeros, porque todos somos igual de necesarios y tiene que haber gente para todo. Simplemente, me conozco y sé qué tipo de trabajo es el que encaja mejor conmigo, y dónde puedo marcar la diferencia y ayudar realmente a los demás, lo que, al final, ha sido mi motivación.

A mí lo que me gustaba era estar en seguridad ciudadana, en el coche y que me mandaran a los avisos; y eso es lo que se hace, sobre todo, en el turno de noche. Cuando alguna vez me ha tocado cubrir un turno distinto, y he estado por la mañana o por la tarde, la experiencia me confirma que eso no es lo mío. Me pone muy nerviosa recibir un aviso y no poder llegar todo lo rápido que me gustaría, porque la calle está llena de gente. Por la noche, la calle está vacía, no hay apenas coches, y cuando hay una emergencia especialmente delicada puedes ir más rápido sin tener que ir esquivando vehículos por la carretera. Puede sonar como un detalle un poco insignificante, pero para mí es algo clave. Llego antes y más tranquila a los avisos, gestiono mejor las situaciones, y puedo centrar toda mi atención en lo que está ocurriendo. Creo que son ese tipo de detalles los que marcan la diferencia para mí. Al final, yo soy policía local y el trabajo tampoco es tan distinto entre un turno y otro, pero son las peculiaridades que tiene la noche las que me convencen cada día de que este es el trabajo que siempre he querido.

En la jornada de un policía que trabaja en un turno como el mío, nos encontramos todo tipo de situaciones y cada día es totalmente distinto al anterior. Es lo que tiene la noche y trabajar directamente con la gente: nunca sabes con qué te van a sorprender. Que hay una señora de ochenta años que vive sola y lleva tres horas en el suelo sin poder levantarse, pues nos dan el aviso y vamos a ayudarla; que se ha producido un incendio, pues vamos y acordonamos la zona para que no se acerque nadie y que, cuando lleguen los bomberos, puedan hacer su trabajo. También vamos a muchas peleas en discotecas y altercados de ese tipo; al final, la noche es lo que tiene: todo el mundo aprovecha para tomar decisiones, como poco cuestionables. Pero, desgraciadamente, una de las cosas que más nos encontramos son casos de violencia de género. Normalmente, llama un vecino que está escuchando lo que parece ser una discusión muy fuerte y cuando llegas al lugar tienes que mantener la calma y rebajar la situación todo lo posible para que no escale el conflicto; reducir al agresor si las cosas se ponen feas y ayudar en todo lo posible a la víctima. Lo más complicado es cuando hay niños pequeños, ahí debes tener muchísimo tacto.

Desde el primer momento, supe que ser policía era la mejor decisión para mí. Creo que hay muy pocas cosas que se me den mejor que mi trabajo.

Recuerdo una vez, no hace mucho tiempo, que estábamos mi compañero y yo en el coche patrullando, cuando nos llegó el aviso de un alunizaje en un bar. Cuando nos dieron la dirección, nos dimos cuenta de que estábamos literalmente en la calle de al lado. Sin pensarlo dos veces, nos pusimos en marcha todo lo rápido que pudimos para interceptar a los ladrones. Al girar la calle, nos encontramos con ellos de frente. Acababan de salir del bar y se estaban montando en el coche para huir con todo lo que habían robado el día anterior en una joyería. Fue un momento que parecía sacado de una película del Oeste: nuestro coche frente al suyo, observándonos los unos a los otros. Recuerdo que miré a mi compañero, llevaba muchos años trabajando con él y nos entendíamos perfectamente. Con un simple gesto con la cabeza, supimos enseguida lo que íbamos a hacer. Aceleramos el coche al mismo tiempo que los embestimos, los frentes delanteros de ambos coches quedaron destrozados en apenas segundos. Del golpe, mi compañero se fracturó la mano y yo, la clavícula, pero la verdad es que no nos dimos ni cuenta, la adrenalina hace bien su papel y pasas por alto de manera momentánea casi cualquier lesión. Iban cuatro en el coche y salieron todos corriendo. Mi compañero redujo a uno y yo vi a dos que corrían en la misma dirección. Ni me lo pensé, salí corriendo detrás de ellos. Me tiré encima de uno y lo reduje rápido, luego me fui a por el otro. Este segundo había saltado una valla para colarse en el aparcamiento de un centro comercial y yo salté detrás de él, creo que ahí me di cuenta de que me había roto algo cuando caí al suelo al saltar. Afortunadamente, justo en ese momento llegaron más patrullas y nos ayudaron a buscarle hasta que dimos con él escondido entre unos hierros. El coche que habíamos detenido iba lleno hasta los topes de las joyas y dinero de varios robos. Fue una historia de película, la verdad; incluso salimos en los telediarios.

Por muy increíble que parezca, este es el tipo de trabajo que a mí me gusta, las situaciones en las que creo que saco lo mejor de mí misma. No quiero que suene a que estoy en una búsqueda constante de adrenalina, ni mucho menos, porque nada más lejos de la realidad. Simplemente, me he dado cuenta de que sé cómo manejar ese tipo de situaciones. Llevo ya veintitrés años siendo policía, si a esto le sumas mi experiencia previa trabajando en discotecas por la noche, que te da también mucha soltura, puedo afirmar que leo muy bien a las personas, sé cómo van a reaccionar y eso me permite actuar rápido para que la situación no se vuelva peligrosa. Estos años me han enseñado a mantener la mente fría, a tomar la decisión adecuada en momentos de alta tensión, a decirle a la gente lo que tiene que hacer, y que entiendan que no acepto un no por respuesta. Yo trabajo directamente con personas que están en situaciones de mucha tensión, con los nervios a flor de piel y, en momentos así, la gente se suele poner muy a la defensiva o muy violenta; no es nada sencillo adivinar cómo van a reaccionar, cómo puedo evitar que reaccionen así o, si no lo he podido evitar, cómo calmar los ánimos para recuperar el control o enfrentarme directamente a una situación violenta.

Aunque cada día en mi trabajo sea completamente distinto al anterior, llega un punto en el que identificas patrones; me explico: cada pelea de discoteca es distinta, pero cuando llego y veo cómo se comportan los involucrados, sé perfectamente qué tengo que hacer. Y eso es algo que solo me ha dado la experiencia, no hay ningún manual que te pueda enseñar algo así. Por supuesto que tenemos un protocolo sobre cómo actuar correctamente ante ciertas situaciones, pero al final son los detalles los que las definen. Cómo intervienes en la escena, cómo te diriges a la gente, la forma en la que separas a los involucrados... Todo eso son pequeños matices que conoces una vez que has aprendido a leer a las personas, cuando eres capaz de distinguir qué tipo de comportamiento puedes esperar de ellas y sabes cómo actuar en consecuencia. Estos comportamientos son los que te ayudan a calmar los ánimos y que las cosas no vayan a más; sobre todo, cuando interviene alguien más vulnerable. En estos casos, no es nada sencillo. Tienes que reaccionar muy rápido, casi instintivamente, y, no lo voy a negar, puede resultar peligroso. Sonará a locura, pero esto es lo que se me da bien, es mi forma de ayudar a las personas, y la verdad es que no lo cambiaría por nada del mundo. Me gusta mucho mi trabajo y mi turno de noche, aunque suene poco convencional. Estoy muy orgullosa de la labor que desempeño como policía.

Ser policía me ha enseñado a leer a las personas, a reconocer patrones de comportamiento y a reaccionar rápidamente ante cualquier situación.

Además, creo genuinamente que mi trabajo es una parte vital de quién soy como persona. Ser policía y tratar con las personas de la manera en que lo hacemos contribuye mucho a tu carácter y a tu personalidad. He notado cómo con el paso del tiempo he ganado confianza en mí misma, ya no solo a la hora de tomar decisiones en momentos delicados, sino en mis habilidades, en mi criterio y en mi manera de tratar con las personas. He visto muchas cosas, buenas y malas, y sé de lo que soy capaz. La confianza que tengo en mí misma y en mis habilidades no estarían ahí si no fuese policía; honestamente, creo que es algo vital para sobrevivir en mi trabajo, además de muy útil en mi vida cotidiana. Incluso a la hora de ser madre, puedo ver cómo mi trabajo influye en mi maternidad. La toma de decisiones no se me hace tan complicada, la disciplina me sale natural y soy capaz de que mi hijo entienda que, cuando digo que no, es que no. Además, después de tratar con tanta gente, sé perfectamente el tipo de persona que quiero que sea mi hijo, los valores que deseo inculcarle y los comportamientos que me parecen inaceptables. Puede que estas parezcan cuestiones insignificantes, pero ayudan mucho a sobrellevar el día a día de una madre soltera. Desde luego, no sé qué haría sin ellos. Mi trabajo me ha enseñado muchísimas cosas y cada día que salgo a patrullar me recuerda lo mucho que lo disfruto.

Muchos opinan que tu trabajo no puede formar una parte tan fundamental de quién eres como persona, porque al final es solo tu trabajo, y lo entiendo perfectamente, pero mi caso es bastante distinto. ¿Cómo no va a ser una parte tan importante de quien soy un trabajo tan instintivo, que propicia radicalmente el fortalecimiento del carácter de una persona? Ser policía es una parte integral de mí y ha influido muchísimo en cómo se ha ido forjando mi personalidad con los años. Soy mejor persona, más paciente, más prudente y no dudo de mí. Todas esas cualidades las puedo aplicar no solo cuando trabajo, sino también en mi día a día. Y me hacen la vida un poco más fácil. Soy mejor amiga, mejor hija, mejor hermana y, por supuesto, mejor madre. Ser policía es una parte vital de mi identidad como ser humano.

Con el paso del tiempo, esta vocación se ha transformado también en acompañar a otros. Desde hace cuatro años compagino mi trabajo de policía con la preparación física de opositores, tanto en academia como de forma privada. Me emociona mucho formar parte de su entrenamiento, en cierto modo, es como volver unos años atrás cuando yo me estaba preparando, pero desde otro lugar.

Una sorpresa desagradable

Cuando tienes un trabajo como el mío, es muy fácil dejarte consumir por él. Al final es algo que exige mucho de ti misma, tanto física como emocionalmente, y si no tienes cuidado, puede que tu vida personal se acabe resintiendo. Es muy común en profesiones como la mía que te lleves el trabajo a casa, no para terminar tareas como haría un oficinista, sino la carga emocional y el cansancio mental que se acumula después de una jornada especialmente exigente. Yo había volcado toda mi vida, mi atención y mi energía en mi objetivo de ser policía y, una vez que lo conseguí, no baje el ritmo. Había descubierto algo que realmente disfrutaba: sentía que tenía las habilidades necesarias para hacer bien mi trabajo y generar diferencias. Mi mundo entero llevaba mucho tiempo girando en torno a mi trabajo. Después de meses y meses de duro entrenamiento, de estudiar sin parar y de pasar muchísimo tiempo en la academia y en la biblioteca, me involucré al cien por ciento en mi trabajo de policía. Me encantaba y lo disfrutaba muchísimo. Sin embargo, sin apenas darme cuenta, mi pareja y yo comenzamos a vivir vidas totalmente distintas. Él tenía su trabajo, su local y mucho más tiempo libre que yo, que no tenía casi tiempo ni de respirar. Él salía con los amigos y yo trabajaba y entrenaba, por lo que cada vez nos veíamos menos.

Siempre habíamos tenido gustos diferentes, y nunca había supuesto un problema, pero de repente esas diferencias se convirtieron en un vacío enorme que se instaló entre nosotros y que ninguno de los dos podía atravesar. Poco a poco, nuestra relación se fue deteriorando.

Notaba que las cosas eran distintas, que llevábamos ritmos totalmente diferentes, y enseguida fui consciente de que algo no iba bien. Tenía mis sospechas; al final, por muy centrada que estuviera en mi trabajo, no era ciega, y cada vez veía más detalles que apuntaban hacia eso que yo tanto temía. Hasta que un día, mis temores se confirmaron. Me enteré de que se estaba viendo con otra persona. Tenía una relación paralela. No hace falta que explique el golpe tan duro que eso supuso para mí. Puede que pienses que, si ya sospechaba que podía estar pasando algo así, no me pillaría de sorpresa, y que había tenido el tiempo suficiente para prepararme ante la confirmación de que estaba pasando justo lo que yo creía. Sin embargo, este tipo de cosas, aunque las sospeches, no llegas a creértelas del todo, hasta que la realidad te golpea de lleno. Y eso fue justo lo que me pasó a mí. Por mucho que sospechara, me costaba creer que estuviera en lo cierto. Ese tipo de traición es algo muy difícil de asimilar, de comprender; sobre todo, para alguien como yo, que considera que la confianza y el respeto son la base de cualquier relación sana. Entiendo que cada pareja es un mundo, y que no todos razonamos de la misma manera; que lo que es muy importante para mí, para ti puede que no sea relevante, pero según como yo entiendo las relaciones, esa era una de las peores traiciones que se pueden cometer hacia tu pareja. Para mí, solo había una opción, así que terminé la relación y no quise saber nada más de él.

Una traición es algo muy difícil de asimilar: cambia totalmente la perspectiva que tienes del mundo y de ti misma, y tu cerebro muchas veces no sabe cómo actuar.

Sé perfectamente que esa ruptura no fue culpa mía. No fue ni por estudiar demasiado, ni por pasar tiempo entrenando, ni por estar centrada en mi sueño de ser policía. Tampoco tuvo nada que ver con haber elegido el turno de noche, ni con que me gustara tanto mi trabajo y que este se hubiera convertido en una parte importantísima de mi vida. Pero lo sé ahora que tengo cincuenta años. Entonces, yo tenía treinta y cuatro y acababa de ser testigo de cómo mi primera relación seria, la que pensaba que duraría toda la vida y con la que formaría una familia, se desmoronaba por completo de una forma horrible. Me afectó muchísimo, porque me costaba entender cómo alguien podía hacer algo así a una persona a la que quiere. Me sentí defraudada, engañada, humillada. Era un cóctel de sensaciones tan intensas y diversas que no sabía bien qué hacer con ellas.

Si eso me pasara ahora con la edad que tengo, reaccionaría de una manera totalmente distinta. El dolor habría sido el mismo y la traición habría sido igual de devastadora, pero mi actitud al respecto hubiera sido distinta. No habría colapsado totalmente, ni me habría obsesionado tanto. Sé que habría encontrado la forma de decirle a mi cerebro que ya era suficiente, que no necesitaba recordar una y otra vez todos esos momentos terribles por los que había pasado. Ahora sé que no sirve de nada formularte un millón de preguntas, porque la incertidumbre de no saber la respuesta hace que te montes unas películas cada vez más terroríficas. Sé que habría podido pasar página poco a poco, y que habría sabido cómo curar esas heridas emocionales que tanto cuesta cerrar cuando tu cerebro no hace más que abrirlas una y otra vez. Aunque no dejaría de ser algo muy duro, sabría darle la importancia justa y no lo convertiría en un problema tan gigantesco. Pero eso lo digo ahora, que tengo la experiencia de haber pasado por esa situación hace quince años.

Una de las épocas más oscuras de mi vida

Como podrás imaginar, la reacción que tuve entonces fue totalmente distinta a la que tendría ahora. Me derrumbé y pasé momentos en los que no sabía ni cómo salir a flote. Al final, cosas como esa te afectan mucho, tanto a la percepción que tienes de ti misma como a la forma en la que te relacionas con los demás. Sentí que se había abierto ante mí un mundo de posibilidades que nunca había considerado. Cada pensamiento era peor que el anterior y solo contribuían a hundirme más y más en mi propia miseria. De repente, era como si no pudiera pensar en otra cosa, le daba vueltas constantemente al tema. Miles de preguntas me asaltaban todo el rato y me obsesionaba con encontrar las respuestas, lo que me hacía más daño. Era como si mi mente se hubiera quedado totalmente bloqueada y no pudiera pasar página. Solo revivía esos momentos y pensamientos que me hacían tanto daño. Me afectó muchísimo. Tenía una sensación de angustia constante que no se iba nunca. Sentía que me ahogaba, como si estuviera en medio del mar y las olas me atacaran una y otra vez. Cada día me costaba más mantener la cabeza fuera del agua.

Coincidió, además, que en esa época falleció Danko, el primer perro que adopté al independizarme, cuando estaba todavía descubriendo lo que significaba ser una mujer adulta. Como cualquier persona que tenga una mascota, a mi perro lo quería con locura. Era un miembro más de mi familia, alguien indispensable y que había estado ahí para ayudarme durante muchos años; había sido mi compañero de vida durante casi quince años. Él había estado conmigo todos esos años donde no hice nada más que trabajar. Me había acompañado en mi mudanza a Madrid, y estuvo a mi lado todos esos meses tan duros mientras me preparaba para las oposiciones. Su amor y cariño constantes hacían que los días más difíciles fueran llevaderos. Y, de repente, ya no estaba. Justo cuando mi vida entera se desmoronaba, perdí mi mayor apoyo. Notaba un vacío enorme en el pecho y solo de pensarlo me costaba respirar.

Fue sin duda una de las etapas más complicadas de mi vida. Había entrado en un círculo vicioso en el que solo veía dolor y desgracias. No existía nada más que eso en mi vida. Casi sin darme cuenta, acabé sumida en una depresión bastante grave. Todavía hoy, desde que falleció en 2006, felicito a Danko al cielo por su cumpleaños.

Sentía que me ahogaba, como si estuviera en medio del mar
y las olas me atacaran una y otra vez. Cada día me costaba
más mantener la cabeza fuera del agua.

Durante semanas no pude moverme de la cama, no quería salir de casa, hacía lo mínimo para sobrevivir; a veces, ni eso. Quizá pienses que ni la ruptura ni la muerte de Danko son razones suficientes para que una persona acabe como lo hice yo entonces. Pero es que no fue solo por la ruptura en sí, ni por la muerte de mi perro, ambas cosas totalmente devastadoras para mí, sino que fue por lo que eso en conjunto significaba. Mi vida entera se derrumbaba ante mis ojos, de un día para otro. Todos mis planes de futuro, esa vida que tenía en mi cabeza, y que daba por hecho que iba a ser real, de repente había desaparecido. No había perdido solo a mi pareja, una persona que había estado a mi lado durante más de una década; había perdido también nuestra vida juntos, ese plan que yo tenía en mi mente se truncó antes de tiempo, y ni siquiera lo vi venir. De repente, ese camino que yo pensaba que iba a recorrer, había desaparecido; de un día para otro, me encontré en un callejón sin salida.

Además, esa relación se había terminado porque la otra persona se fue, traicionándome de una manera que me costaba asimilar. Por la personalidad que tengo, traicionar a alguien así era una posibilidad que no se me había pasado por la cabeza. Por eso, me costaba tanto entenderlo. De repente, había aparecido una nueva pieza en un puzle que yo creía terminado y, de un día para otro, todas esas piezas ya colocadas habían dejado de encajar. Y había que sumarle que Danko ya no estaba tampoco conmigo para apoyarme. A estos dos hechos tan dramáticos, hay que sumarle que, aunque yo ya llevaba varios años viviendo en Madrid, mi círculo cercano seguía en Alicante, por lo que sentía que no tenía nada ni nadie en quien apoyarme. Jamás me había sentido tan sola. Notaba una nube negra sobre mi cabeza que no se iba nunca, que no dejaba que pasara el sol, y yo estaba empezando a perder toda la esperanza. Acabé necesitando ayuda profesional y recurrí a la medicación.

Sin darme cuenta, había puesto todo el peso de mi vida y de cómo iba a ser mi futuro en una relación, y ahora que se había acabado, que esa persona ya no estaba en mi vida, me costó tiempo asimilar que existe más de un camino y que, muchas veces, ese camino lo debemos recorrer solos. Descubrí de golpe que la vida que yo creía que iba a tener con él se había esfumado, sí, pero que parte de ese sueño quizá podía existir de otra manera. Por eso, tomé la decisión de congelarme los óvulos. Seguía queriendo ser madre. Era algo que había tenido muy claro y, como no sabía qué iba a pasar, las certezas ya se habían acabado, me pareció buena idea conservar mis óvulos por lo que pudiera suceder. Es verdad que la preservación no me aseguraba cien por ciento que fuera a ser madre, pero me tranquilizaba saber que estaba haciendo todo lo que tenía al alcance de mi mano para intentarlo en un futuro. Además, cuando empecé a informarme, todo el mundo me aconsejaba que lo hiciera cuanto antes, que yo ya tenía treinta y cuatro años y que, esas cosas era mejor hacerlas más pronto que tarde. Así que me lancé y menos mal que lo hice.

Cada vez que pienso en esa época, me sorprende muchísimo que aquella Susana y esta Susana seamos la misma persona. No me reconozco para nada, salvo en la decisión de congelar los óvulos; ahí sí que creo que aproveché un rayito de luz que me iluminó justo en ese momento. Es una sensación muy extraña, porque ahora me miro al espejo y jamás pensaría que esa persona que me devuelve la mirada haya podido pasar por una situación así. ¿Cómo me puede pasar eso a mí, que soy tan positiva, tan valiente, tan fuerte? ¿Cómo pude dudar de mí misma y dejarme superar por una situación así? Supongo que eso es lo que tiene la depresión, que te pilla totalmente desprevenida y, cuando te quieres dar cuenta, estás ahogándote en un pozo tan profundo que la idea de luchar para salir ni siquiera se te pasa por la cabeza. Sé perfectamente que no caí en esa depresión por no ser lo suficientemente fuerte, ni porque me faltara confianza en mí misma, ni porque tuviera un concepto equivocado de quién era como persona; no tiene nada que ver con eso. Pero a veces es muy fácil verlo y decir que tampoco es para tanto, que salir de la cama no es tan difícil, que ya se te pasará. Sin embargo, la depresión no funciona así. Tu cerebro literalmente deja de funcionar como debe y vives en un ciclo constante de negatividad y de tristeza interminable. Es como si tu fuerza de voluntad, de repente, hubiera dejado de existir y las tareas cotidianas, que normalmente haces sin pensar, te suponen un esfuerzo enorme.

Recordando esos momentos, intento encontrarle la parte positiva a esa situación. No puedo evitarlo, es mi forma de asimilar y aceptar lo que me pasa en la vida: sea lo que sea, siempre puedes encontrarle la parte buena. Lo que me llevo de la Susana de treinta y cuatro años es la certeza de que eso no me va a volver a pasar. Sé que, si se vuelve a dar la situación en la que varias cosas terribles pasan a la vez, encontraré la forma de que no me superen. Ahora sé cómo sentir esa tristeza y esa desesperación sin que tomen por completo el control de mi vida. Si algo como eso me pasara ahora, sería capaz de sacudirme a mí misma, de espabilarme antes de volver a entrar en ese círculo vicioso. Sin ignorar mis emociones ni aguantarme el dolor, pero sin dejar tampoco que me sobrepasen y me suman en esa oscuridad. Es lo que tiene la edad, que junta el tiempo y la experiencia y los transforma en herramientas para enfrentarte a las situaciones más complicadas que se te presentan en la vida.

Lo que me sacó de ese bucle de autodestrucción fue el deporte. Lógicamente, la medicación y la terapia también ayudaron, y supongo que fueron los catalizadores que me hicieron retomar el deporte. Cuando lo hice, fue cuando me entraron otra vez las ganas de vivir.

Pedir ayuda es de valientes

Si te sientes identificado con cualquiera de estos pensamientos y comportamientos que he descrito en este capítulo, por favor, no dudes en buscar ayuda profesional. No te hace ni más débil ni más frágil, sino todo lo contrario; ahora entiendo que es de valientes. A mí, la terapia me sirvió muchísimo y junto al deporte fueron los grandes pilares que me sacaron de ese momento tan oscuro.

Correr para volver a respirar

Hoy en día sabemos que hacer deporte es muy importante, esto es un concepto que ya forma parte de la cultura general. Todos los años salen campañas para fomentar el ejercicio físico; todos los padres intentamos inculcar a nuestros hijos la práctica habitual de algún tipo de deporte, incluso animamos a las personas mayores a mantenerse activas para reducir el impacto que tiene el paso del tiempo. Tanto si lo practicas como si no, sabes que tiene efectos muy positivos en tu salud, física y mental. Supongo que es por eso que el deporte forma parte de esas listas que nos hacemos todos en Año Nuevo o en septiembre, cuando nos intentamos convencer a nosotros mismos de que este año será diferente, que esta vez vas a tomarte en serio eso del deporte. Muchos lo conseguirán, otros lo volverán a intentar el año siguiente, pero, en general, todos sabemos que practicar deporte es importante y que deberíamos incorporarlo en nuestro día a día. Ahora bien, la mayoría no es consciente de lo mucho que cambia tu vida si practicas deporte de forma habitual. La mayoría de las veces, no te das cuenta hasta que lo vives.

Si eres de esas personas que no practica ninguno, tendrás una vaga idea de cómo te podría ayudar incorporar este hábito en tu vida, quizá para evitar ese dolor de espalda, o para perder esos kilos que crees que te sobran, o para despejarte un poco después de una semana estresante. O, tal vez, seas de ese grupo de personas que, de una forma u otra, ha estado practicando deporte de forma más o menos continua a lo largo de toda su vida, y ni se te pasa por la cabeza dejar de practicarlo. Para ti, es algo tan natural como respirar. Personalmente, yo no formo parte de ninguno de esos dos grupos; más bien, encajo en un tercero: el de quienes empezaron a practicar deporte siendo ya adultos. Justo por eso tengo una perspectiva mucho más consciente del impacto que puede tener el deporte en tu vida. Puedo comparar cómo era mi vida antes y después de hacer ejercicio de forma habitual y, déjame que te diga que mi vida ha dado un giro de ciento ochenta grados desde que comencé.

Si me conoces o me sigues en redes, quizá estás pensando que ese cambio del que hablo se debe a todas las carreras a las que me he apuntado a lo largo de mi vida, a los retos extremos que superé, que es lo que me hizo conocida en redes en un primer momento. No estás totalmente equivocado, pero tampoco es del todo cierto. Por supuesto que todas esas experiencias que me ha traído el deporte, que yo no me esperaba para nada, han cambiado radicalmente mi vida; decir lo contrario sería mentira. Pero me refiero a algo mucho más personal. Cuando pienso en la Susana que era antes y en la que soy ahora, puedo decir con total seguridad que soy quien soy gracias al deporte. Y no hablo del aspecto más físico del deporte, de lo fuerte que me siento ni de la resistencia que he ganado, ni casi del aspecto mental. Para mí, el deporte es una cuestión de salud. La confianza que tengo en mí misma no estaría ahí si no hubiera superado un reto tras otro; la capacidad que tengo para darle la importancia justa a los problemas de la vida adulta tampoco estaría ahí si no contara con el deporte para relajarme y desconectar. Y estoy absolutamente segura de que jamás habría logrado salir de ese periodo depresivo tan complicado sin el deporte como aliado. Quizá puedes pensar que soy una exagerada, pero te lo digo completamente en serio: no sería quien soy ahora sin el deporte.

No te das cuenta del impacto tan grande y positivo que puede tener el deporte en tu vida hasta que lo practicas.

Mis inicios en el deporte

Cualquiera que me conozca hoy en día se sorprendería mucho al saber que el deporte ha sido un *hobby* relativamente reciente en mi vida. Actualmente, el deporte juega un papel tan importante en quién soy como persona que estoy segura de que, a mi familia, a mis amigos, a mis compañeros de trabajo, incluso a la gente que me sigue por redes, les resultaría muy complicado imaginarse a una Susana que no hiciera ejercicio. Hasta a mí me costaría mucho pensar en cómo sería mi vida si no entrenara, si no me apuntara a competiciones y carreras. Sin embargo, el deporte llegó a mi vida más tarde de lo que muchos se imaginan. Apareció por casualidad y poco a poco se fue abriendo un hueco en mi rutina diaria, hasta convertirse en una parte tan importante de mí, que siento que sin el deporte mi vida estaría a medias. A veces lo pienso, y me sorprendo a mí misma recordando que hubo una época en la que no practicaba ningún deporte. ¿Qué hacía entonces? ¿A qué dedicaba mi tiempo libre? La respuesta, por supuesto, es que no tenía tanto tiempo de ocio como ahora, porque vivía una vida bastante diferente.

Cuando digo que el deporte nunca había formado parte de mi vida, me refiero a una vida que yo recuerde de adolescente y de adulta, porque de pequeña, como todos los niños, en el colegio hacía actividad física como parte de la educación. También es cierto que, cuando aún vivíamos en Suiza, mi padre competía en atletismo y a mí me llegó a apuntar a alguna carrera. Recuerdo que se me daba muy bien, pero poco más; era muy pequeña. Pero más allá de eso, yo nunca había hecho deporte. No fue porque no quisiera, más bien fue porque no se me había presentado la oportunidad. Cuando era niña, y supongo que hasta cierto punto las cosas siguen funcionando así, los niños hacían deporte porque sus padres los llevaban a extraescolares o porque sus familias tenían una situación en la que se lo podían permitir. Mi caso, como ya sabes, era bastante peculiar; había llegado a España de preadolescente, mis padres se acababan de divorciar, mi madre era una mujer soltera y extranjera y pasaba muchas horas fuera de casa trabajando en hostelería, por lo que la situación económica no era la ideal. Por eso, la idea de que yo hiciera deporte no era algo que pareciera una prioridad. A esto hay que sumar que a mi madre practicar deporte no le interesaba, por lo que tampoco me inculcaba a mí un interés hacia ello.

Aun así, intentó apuntarme a judo al poco de llegar a España, pero más para que me relacionara con gente de mi edad que para que hiciera deporte. No me gustó nada, y a los tres días me había desapuntado. No creo que fuera por el deporte en sí, fue más bien la situación en la que me encontraba. Acababa de llegar a un país del que apenas hablaba el idioma y me costaba mucho entender todo lo que pasaba a mi alrededor, por lo que entrar de lleno en un deporte como el judo, tan físico y con tanto contacto, me produjo mucho rechazo. A pesar de todo lo anterior, a mí el deporte siempre se me había dado muy bien. Era algo en lo que había destacado sin esforzarme demasiado. Siempre ganaba todas las carreras, todos los juegos. Incluso de adolescente, cuando los niños dan el estirón, no había ninguno que me ganara. Al final era, y sigo siendo, una persona a la que le gustaba estar en movimiento, y con predisposición genética, lo que hacía que destacara en prácticamente cualquier deporte.

El deporte nunca había formado parte de mi vida, no porque no quisiera, sino porque no se habían dado las circunstancias.

Una vez que terminé mis estudios, no volví a practicar ningún deporte. Ni siquiera hice aeróbic, que es a lo que se apuntaban todas las mujeres jóvenes por aquel entonces. De nuevo, no fue porque no quisiera, sino porque no tenía tiempo libre para hacerlo. Ya sabes que, de un día para otro, me puse sobre los hombros un montón de responsabilidades. No tenía tiempo para nada, y mucho menos para hacer deporte. Mis horarios y mi situación económica no eran tan boyantes como para que yo me apuntara a un gimnasio o a practicar atletismo. Y como el deporte nunca había formado parte de mi vida, tampoco tenía esa costumbre ni esa necesidad de sacar tiempo y dinero para practicarlo. Quizá pueda resultar sorprendente, con la facilidad que yo tenía, lo fuerte que estuve siempre, desde adolescente, cómo no me nacía ese impulso de apuntarme a algún deporte. Pero es que simplemente mi cabeza estaba en otra cosa en aquel momento, y no tenía tiempo de pensar en nada más que en salir adelante. Así pasé la mayor parte de mis veinte: trabajando día sí y día también. La situación no cambió hasta que decidí hacerme policía.

Ya tenía una edad, cerca de los treinta, en la que todo empezaba a colocarse. El trabajo de policía reunía todos los requisitos que yo buscaba. Me centré por completo en mi objetivo y me apunté a una academia. Como sabía que una parte importante para las oposiciones eran las pruebas físicas, decidí buscarme un entrenador especializado en este tipo de preparación para que me ayudara a conseguir lo que yo quería. Ahí fue cuando mi vida cambió radicalmente.

Seguro que pensarás, con todo lo que te he estado contando, que llegué a entrenar y enseguida le pillé el ritmo, que destaqué desde el principio y que no tuve que esforzarme apenas para llegar al nivel requerido. Bueno, pues eso es justo lo que pensaba yo. Recuerdo perfectamente ese primer entrenamiento, cuando se pusieron a explicarnos los requisitos que teníamos que cumplir para superar las pruebas. Como siempre había sido muy buena en el deporte y destacaba de forma natural, estaba segurísima de que iba a ser un paseo para mí, que esas pruebas no me costarían ni un poquito. Bueno, pues como ya te podrás imaginar, no podía estar más equivocada. No hubo ni una sola prueba en la que me quedara ni siquiera cerca de superarla. De hecho, en la prueba de la carrera tuve incluso que parar porque notaba que, si seguía, me moría. Fue una cura de humildad bastante necesaria. Ya sabes lo mucho que me tuve que esforzar en la parte de los estudios, a la hora de prepararme para las oposiciones, los días interminables estudiando en la biblioteca. Pues con la parte física fue más de lo mismo. Por mucha genética o predisposición que yo tuviera, no son unas pruebas fáciles de superar, y tuve que entrenar muchísimo. Al final, yo no tenía el hábito de practicar ningún tipo de actividad física, por lo que no fue sencillo incorporarla a mi vida de un día para otro.

Entre lo mucho que me esforzaba y esa facilidad que tenía para el ejercicio, logré destacar deprisa. No me costó tanto tiempo coger el ritmo e ir mejorando físicamente hasta incluso superar el nivel que requerían las oposiciones para policía, porque logré muy buenas marcas. Entrenaba mucho porque aspiraba a obtener la plaza con más facilidad. Siempre quedaba de las primeras en todas las listas, por encima incluso de muchos hombres. Esto no fue solo gracias a mi trabajo, a mi esfuerzo ni a la genética que me beneficiaba en estos casos. Un factor muy importante fue mi entrenador, el mismo que tengo ahora, casi veinticinco años después. La verdad es que tuve mucha suerte con él. Aparte de ser muy bueno en su trabajo, de saber muchísimo sobre preparación física y sobre cómo llegar a un objetivo en temas de deporte, también es una persona magnífica. Mi entrenador ha sido un pilar fundamental en mi vida, alguien que apareció de casualidad y que me ha aportado muchísimas cosas buenas. Se preocupaba genuinamente por los demás, ya no solo para ayudarnos en el entrenamiento y darnos la confianza que necesitábamos para esforzarnos al máximo y dominar las pruebas físicas, sino también a la hora de la parte más teórica de los exámenes. Recuerdo que siempre me decía que no me olvidara de estudiar el temario, que, por muy bien que se me dieran las pruebas físicas, no conseguiría sacarme las oposiciones solo con eso. Gracias a él, a su trabajo y a su apoyo constante conseguí ser policía. En mi momento más bajo, cuando tuve la depresión, me escribía cada día para que me calzara las zapatillas y fuera a entrenar. Ha sido y es un apoyo increíble.

Mi entrenador es un pilar fundamental en mi vida, alguien que apareció por casualidad y que continúa apoyándome desde hace casi veinticinco años.

Si echamos la vista atrás, todos hemos tenido ese profesor que destacaba sobre todos los demás, que disfrutaba de su trabajo y que te hacía disfrutar a ti también de la asignatura. Para mí, mi entrenador fue algo parecido. Más allá de que se me diera bien y de que estuviera empezando a valorar la práctica del deporte, la actitud que tenía mi entrenador fue un factor fundamental para que yo no abandonara y pasara a incorporar el deporte en mi rutina diaria. Al final, mientras me preparaba para las oposiciones, yo tenía que entrenar mucho todos los días y como me gustaba, se me daba bien y tenía muy buen entrenador, me enganché enseguida a eso del deporte; no podía parar. Poco a poco, me fui dando cuenta de que me encontraba mucho mejor ahora que practicaba deporte de forma habitual. Físicamente, estaba mejor que nunca en todos los aspectos, me veía muy bien y eso influyó mucho en la confianza que tenía en mí misma. Mentalmente, noté un cambio enorme y no solo por lo que me ayudaba a desconectar, sino porque verme mejorar cada día, superar retos y conseguir objetivos me hizo valorarme mucho más y sentir que podía con cualquier cosa.

Mi verdadero motor

Cuando por fin me saqué las oposiciones, me encontré con que no tenía que mantener ese nivel de entrenamiento diario tan duro con el que había estado viviendo tantos meses. Pero en vez de sentirme aliviada, de quedarme con la sensación de que por fin podía descansar y dedicarme a otra cosa, lo que me sentí fue vacía. Había descubierto que lo que más disfrutaba, lo que más me ayudaba a desconectar y lo que me hacía sentir viva era el deporte. No quise pensarlo mucho, porque tampoco había demasiado que pensar. Sabía que quería seguir haciendo deporte y continuar superándome a mí misma, que es lo que realmente me motiva y lo que más me gusta del deporte. Hablé con mi entrenador y le pregunté si podíamos seguir trabajando juntos. Por supuesto, me dijo que sí, y ahí fue cuando me di cuenta de que yo quería seguir haciendo esto hasta que mi cuerpo dijera basta. Realmente, nunca tuve la intención de dejarlo, ni se me pasó por la cabeza. Yo ya no concebía una vida en la que el deporte no fuera una parte fundamental. Estaba enganchada.

Por fortuna, el deporte apareció en mi vida cuando más lo necesitaba, aunque yo entonces aún no lo sabía. Había conseguido mi ansiada plaza de policía y, ante mí, tenía un mar de posibilidades que me ofrecía el deporte. Maratones, carreras de todo tipo, retos cada vez más complicados. Estaba llena de energía y con muchas ganas de ver de lo que era capaz. Justo en este subidón, como ya te he contado, me pilló uno de los baches más complicados de mi vida: el fin de mi relación y la muerte de mi perro. Pasé de estar eufórica con mi trabajo y mi recién descubierto *hobby*, a hundirme en un pozo de tristeza y desesperación del que no me veía capaz de salir. No sabía qué hacer, ni a quién acudir, así que me acabé volcando de lleno en el deporte. Al principio, fui un poco reticente, porque no quería salir de casa ni de la cama. Lo único que quería era revolcarme en mi propia miseria. Pero mi entrenador no dejaba de llamarme, de repetirme que tenía que salir de casa, que debía volver a entrenar, que eso me ayudaría a despejarme y poco a poco me iría encontrando mejor. Le costó mucho convencerme, porque yo de verdad que no puedo ser más cabezota, pero por fin me convenció y un día salí a correr.

En cuanto salí a la calle, con mis zapatillas y mi música, y empecé a correr, sentí que el aire volvía a mis pulmones. No puedo describir con palabras las sensaciones que recorrieron mi cuerpo con esa primera carrera. Mi cabeza se vació por completo, todos esos pensamientos que me atormentaban, que me obsesionaban, que me perseguían día y noche, y que no sabía cómo hacer que se marcharan, desaparecían en cuanto empezaba a correr. El peso que me oprimía el pecho, y que hacía cinco segundos no me dejaba ni respirar, se había marchado; me sentía más ligera, más tranquila, más centrada. Lo vivía como si fuera magia, como si ponerme las zapatillas y salir a entrenar me transportara a un mundo nuevo, donde mis problemas ya no me asfixiaban. Ahí me di cuenta de que, si quería seguir adelante y salir de la depresión, debía continuar entrenando. Entonces, decidí que el deporte tenía que ser un elemento en mi rutina diaria, y ya no era porque disfrutara, ni por esa necesidad de superarme a mí misma, sino por una cuestión de salud y supervivencia. Si dejaba de entrenar, me hundiría por completo; si quería salir a flote no me quedaba más remedio que seguir corriendo. Por mucho que me costara levantarme de la cama, por muy triste y angustiada que me encontrara ese día, sabía que lo único que me ayudaba era el deporte. Así que me agarré a él como a un clavo ardiente.

Hoy, desconozco cómo sería mi vida sin el deporte; no sé cómo habría superado esa depresión si no me hubiera presentado a las oposiciones y no hubiera descubierto mi amor por el atletismo. Más allá de que el deporte me haya forjado un carácter más fuerte, lo que de verdad me cambió la vida fue descubrir que era mi remedio infalible contra la depresión. Como ya mencioné, la ayuda profesional fue vital para mi recuperación, pero muchas veces esa medicación y asistencia médica necesita complementarse con algo que te impulse a seguir adelante, a no quedarte estancada en la depresión y, para mí, ese algo fue el deporte. Primero me ayudó a conseguir el sueño de mi vida, que era ser policía, y luego contribuyó a que superase ese periodo tan difícil. Estoy convencida de que no estaría viva sin él. Así fue cómo empecé a tomarme realmente en serio el tema del deporte. Para mí ya no era un *hobby* ni algo que hacía para mantenerme en forma, lo hacía porque era una forma de protegerme y de quererme.

El deporte es, y ha sido siempre, mi mejor medicina y mi mejor psicólogo. Soy quien soy y estoy donde estoy gracias a él.

Nuevas experiencias

Muchas veces en redes me preguntan que cómo hago para mantenerme motivada, para seguir entrenando, para no aburrirme después de tantos años. La respuesta no podría ser más sencilla: poniéndome retos. Yo lo que necesitaba, y lo que sigo necesitando, eran objetivos a los que llegar, porque así es como funciono y como creo que funciona mucha gente. No hablo de objetivos a un plazo muy largo o cosas imposibles, hablo de pequeños objetivos que puedes ir superando poco a poco. Al final, ir todos los días a entrenar sin un objetivo puede hacerse aburrido, o sentir que te encuentras estancado, si no tienes nada a lo que aferrarte o con lo que compararte. Para mí, entrenar con un objetivo en mente me mantiene motivada y con energía, además de que me permite ir viendo cómo mi cuerpo va superando un reto tras otro. Eso fue exactamente lo que hice. Me fui poniendo retos cada vez más complicados y, lo confieso, cada vez más extremos. Yo lo que quería era rebasar mis límites, ver de qué era realmente capaz, aprovechar al máximo mi cuerpo y lo que la genética me había dado. Ver de qué pasta estaba hecha. Y eso es lo que me sigue motivando hoy en día.

Mi entrenador me impulsó a apuntarme a competiciones cada vez más largas y complicadas. Al final, después de prepararme para las oposiciones, había acumulado dos años de entrenamiento continuo, y estaba en un estado físico inmejorable. Como durante la depresión lo que más me ayudaba era correr, me aficioné a las maratones. Participaba en competiciones casi todos los fines de semana y viajaba por toda España: Zaragoza, Sevilla, Valencia..., iba prácticamente de maratón en maratón. Poco a poco, según fui mejorando, fueron interesándome carreras más largas y exigentes, así que cuando veía una que me atraía, avisaba a mi entrenador para que me preparara. Al final, me estaba apuntando a competiciones que requerían entre seis y siete meses de preparación muy dura, de entrenamiento constante, incluso en pleno invierno, en Navidades, o con el calor insoportable del verano madrileño. Probé también con las carreras de montaña, que me gustaron un montón. En estas carreras, sales a las cinco de la mañana y te enfrentas a distancias muy largas con dos mil y pico metros de desnivel y la mochila a cuestas. Las distancias largas no me suponían un esfuerzo titánico como a muchos otros deportistas; al final, yo ya estaba acostumbrada a trabajar de noche y sé leer muy bien mi cuerpo y mis necesidades. Además, estaba desarrollando una capacidad de superación mental increíble, nada podía pararme y rendirme nunca era una opción. Una que gané varias veces fue la Madrid-Segovia, que sales de Plaza de Castilla y llegas al acueducto de Segovia.

El truco para no perder la motivación en el deporte son los retos. Ponte un objetivo y lucha hasta conseguirlo. Disfruta de tu progreso y sigue adelante. ¡A por el siguiente!

Siempre he tenido la suerte de que mi capacidad de recuperación después de una carrera muy exigente es sorprendentemente rápida. Me podía meter en una carrera una barbaridad de kilómetros y al día siguiente me veías corriendo en la pista de atletismo. También he tenido mucha suerte con las lesiones, porque no soy nada propensa. La genética en este sentido me ha beneficiado muchísimo y me ha permitido disfrutar al máximo de mi *hobby*. Mi entrenador veía lo mucho que disfrutaba de estas competiciones y un día me propuso que por qué no intentaba apuntarme a más pruebas; ahí fue cuando me habló de los Juegos Mundiales de Policías y Bomberos, que eran como las Olimpiadas. Eso me llamó la atención desde el principio. Me parecía que podía ser una experiencia increíble, pero no me veía capaz de llegar a ese nivel deportivo. De nuevo, fue mi entrenador el que me animó a intentarlo, me aseguró que él se encargaba de prepararme, que yo lo único que tenía que hacer era trabajar duro, como había hecho siempre. Gracias a él, viajé por todo el mundo: Australia, Canadá, Irlanda, Estados Unidos. Él siempre me recordaba que, ahora que había conseguido lo que quería, solo me quedaba disfrutar al máximo de la vida. En las Olimpiadas, yo competía como policía de Coslada, en mi equipación ponía «Police Department Coslada, Madrid, Spain», y siempre volvía a casa con un montón de medallas. Incluso me llegaron a hacer entrevistas en el Ayuntamiento de Coslada. Curiosamente, en estas competiciones no solía ir a las pruebas que eran más de policía, como las de tiro de precisión, sino a las pruebas más físicas, las de bomberos, porque al final mi entrenador, al ser bombero, se centraba en ese tipo de pruebas, que, a la vez, eran las que a mí más me gustaban.

Una de las competiciones a las que siempre me apuntaba, y en las que más disfrutaba, era el Toughest Competitor Alive

(TCA), que es una modalidad dentro de los World Police & Fire Games (Juegos Mundiales de Policías y Bomberos). Buscan al competidor más duro. Era como un heptatlón: ocho pruebas en las que tenías que correr, nadar, subir por una cuerda, lanzamiento de peso, dominadas máximas, un circuito americano en las que arrastrabas un muñeco de 90 kilogramos, saltar vallas, reptar... Son unas pruebas muy completas y duras, pero yo las disfrutaba muchísimo. Otras pruebas a las que siempre que podía me inscribía eran las carreras verticales, que consisten en subir corriendo las escaleras de un rascacielos. En Madrid, hay un montón y son muy populares.

Seguramente, una de las locuras más grandes que he hecho fue la Marathon des Sables (Maratón de las Arenas), en 2014. Fue una carrera de seis días seguidos (250 kilómetros) por el desierto de Marruecos. Me apunté como celebración de mi cuarenta cumpleaños, y me costó alrededor de cuatro mil euros, para que veas que estas cosas no son sencillas de costear para una persona normal y corriente como yo. Dormíamos en jaimas y la comida era liofilizada, como los astronautas. Llevábamos una mochila a cuestas con un infiernillo, comida, dos mudas y una bengala; el agua te la daban ellos cada día y tú te la administrabas como quisieras. Íbamos sin móvil, pero teníamos un helicóptero encima en todo momento. Nos apuntamos 1.140 corredores y, de ellos, 168 éramos mujeres; quedé en la posición undécima de mujeres y de las seis españolas que participamos, fui la primera. A pesar de su dureza y de su nivel de exigencia, fue una experiencia muy gratificante.

Según iba pasando el tiempo y me apuntaba cada vez a más competiciones, me iba haciendo más y más conocida en redes y entre la gente del mundillo. Fue así como un club de atletismo, el Club de Corredores, se ofreció a llevarme al campeonato de España de 100 kilómetros en ruta, organizado por la Real Federación Española de Atletismo (RFEA). Cuando me lo dijeron me quedé un poco confusa; pensaba que para esas cosas había que ser profesional y yo, a pesar de lo bien que se me daba, no dejaba de ser policía, una *amateur*. Pero, al parecer, lo único que necesitaba era estar federada, apuntarme a un club de atletismo y entrenar duro. Sabiendo eso, no dudé ni un segundo y empecé a prepararme. Fue un entrenamiento durísimo. Había días que entrenaba hasta cuatro horas seguidas; ya no sabía por dónde correr para hacer todos los kilómetros que requería el entrenamiento. Todo esto sin olvidar que yo trabajaba y estaba soltera, me pagaba y me gestionaba todo sola, y estaba a punto de competir con deportistas de élite, que tenían a sus espaldas un equipo de médicos y preparadores. Para mí, el simple hecho de participar en algo así tenía muchísimo mérito. En vez de venirme abajo y pensar que no lo iba a conseguir, me centraba en eso, en lo increíble que era que pudiera acceder a algo así. Recuerdo plantarme en la línea de salida y mirar a mi alrededor, ver a deportistas profesionales y pensar que yo venía de estar toda la semana trabajando de policía en el turno de noche; era una verdadera locura. En ese campeonato, que fue en 2016, quedé segunda, subcampeona de España.

Verme superar competiciones cada vez más duras me dio mucha confianza en mí misma. Si me he forjado un carácter muy fuerte, ha sido por no rendirme nunca.

Otra competición a la que me apunté y que confieso que fue un disparate fue el Campeonato de España de 24 horas, que es justo como suena: 24 horas corriendo, dando vueltas a una pista de atletismo de 400 metros. Ahí hasta mi entrenador, el pobre, me miró como si hubiera perdido totalmente la cabeza. El hombre me sentó y me dijo que eso era una locura, y que por qué iba a participar en algo así. La única respuesta que le di era que simplemente me apetecía y me veía capaz de superarlo. Para entonces mi entrenador me conocía perfectamente y sabía que cuando se me metía algo en la cabeza no había forma de hacerme cambiar de opinión, así que no le quedó más remedio que prepararme para esa prueba. Cuando la gente me pregunta cuál ha sido mi récord, yo siempre digo que fueron los 174 kilómetros que corrí en esa pista de un polideportivo de Barcelona. Después de esa carrera, me llegó un mensaje en redes sociales que decía: «Hola, soy Paco Montañés, director de la Selección Española de Atletismo, y como has competido en la Carrera de 24 horas y has superado la marca mínima para poder ir al IAU 24 Hour World Championship, te ofrecemos la posibilidad de convocarte por si quieres ir a correr a Irlanda representando a España». No hace falta decir que me quedé muerta al leer el mensaje. De verdad que no me creía lo que me estaba pasando. Por muchas locuras a las que me apuntara, y por muy bien que quedara, no dejaba de considerarme *amateur*. Yo me costeaba todo y me preparaba mi entrenador de siempre, hasta dudaba un poco en gastarme el dinero en una sesión con un fisioterapeuta. Que la Selección Española se hubiera fijado en mí me parecía una verdadera locura. Acepté sin dudarlo y fue una experiencia increíble.

Tú también puedes

Después de contarte todas las locuras que hice durante todos esos años en los que el deporte fue mi prioridad y mi vía de escape, no quiero que te quedes con la sensación de que tú deberías vivir lo mismo y aspirar a las mismas cosas a las que aspiré yo. Nada más lejos de la realidad. Lo que quiero que te lleves de este capítulo, y de este libro en general, es que nada ni nadie te puede decir lo que puedes o lo que no puedes hacer, y que muchas veces la barrera más dura y difícil de atravesar es la que te pones tú mismo en la cabeza. A menudo, tenemos la idea de que la gente que hace deporte es un grupo selecto de personas que se ha formado desde pequeñitos y que, por eso, pueden hacer todas esas cosas que tú te ves incapaz de intentar. Pero eso no es verdad. Yo empecé a hacer deporte con casi treinta años, y déjame que te diga que no hay genética capaz de compensar décadas de inactividad deportiva. Lo único que importa es tu fuerza de voluntad, tu trabajo duro y la convicción de que puedes con lo que sea que se te presente.

Es muy fácil pensar que ya eres demasiado mayor para tomarte en serio el tema del deporte, que si no empezaste de pequeño es imposible llegar a un nivel decente. Todos hemos tenido ese pensamiento de para qué intentarlo si no se me va a dar bien; bueno, pues si no lo intentas, no lo sabrás nunca. Además, eso de que la edad es un factor muy importante es total y absolutamente mentira; no eres demasiado mayor para prácticamente nada en esta vida, y mucho menos para cuidarte. Por supuesto que esto no significa que tengas que ponerte metas inalcanzables y retos imposibles, porque lo único que conseguirás con eso es frustrarte y abandonar. Desde mi humilde opinión, lo que deberías hacer es empezar, con cualquier cosa que te llame la atención, ya sea correr, nadar, un deporte en concreto, o incluso algo más parecido al yoga o a pilates. A partir de ahí céntrate en encontrar algo que te guste, prueba cosas nuevas a ver qué sensaciones te producen. Yo tuve la suerte de que enseguida me di cuenta de lo mucho que me gustaba correr, y desde entonces no he parado. Seguro que tú también eres capaz de encontrar algo parecido.

No dejes que nadie te diga que eres demasiado mayor para nada, porque no lo eres, y mucho menos para cuidarte.

Una vez que encuentres eso que te gusta y en lo que disfrutas, ponte objetivos a corto plazo, que seas capaz de ir superando con el entrenamiento. Esto, además de mantenerte motivado, te ayuda a ver tu progreso; seguro que, como me pasó a mí, te ayudará con la confianza y la seguridad que tienes en ti mismo. También quiero que quede claro que no tienes que ser un portento del deporte para practicarlo, no se tiene que dar especialmente bien ni es una obligación apuntarse a mil competiciones y ganar montones de medallas. Si tienes la suerte, como la tuve yo, de que ese sea tu caso, pues enhorabuena, disfrútalo al máximo. Pero que sepas que no es necesario; lo importante es que disfrutes de lo que haces y que notes cómo tu cuerpo y tu mente se van encontrando cada vez mejor. Porque al final de eso va el deporte, al menos tal y como yo lo veo, de vivir mejor y más tiempo, de ser más feliz.

El deporte para mí significó un antes y un después en mi vida. Me ayudó a conseguir el trabajo que siempre quise y ahora me ayuda a preparar físicamente a los chavales que entreno. También me sacó de una depresión terrible, porque —me gusta insistir en este punto— por mucha ayuda profesional que recibí, lo que necesitaba en ese momento era despejarme, encontrar algo que me impulsara a seguir adelante. En el deporte encontré lo que no sabía que necesitaba: ese soplo de aire fresco y un cambio de mentalidad, algo que me permitió sentirme más segura y satisfecha conmigo misma. Tuve la suerte de que además de que se me daba muy bien, viví un montón de experiencias únicas que jamás habría podido imaginar. Conocí a un montón de gente estupenda, como mi entrenador, al que le debo tanto, y me empecé a hacer conocida en redes sociales, tanto que ahora me encuentro aquí, escribiendo este libro para animarte a dar ese cambio que necesita tu vida; a animarte porque si yo pude hacerlo, tú también. No estaría donde estoy sin el deporte y por eso estaré siempre increíblemente agradecida.

Retos que me enseñaron quién soy

- **Marathon des Sables (MDS) - 250 km en autosuficiencia**
  Seis días corriendo por el desierto de Marruecos, cargando comida, saco y esterilla en la mochila. Dormir en jaima compartida, lavarme con el agua que debía beber y soportar calor extremo de día y frío intenso de noche. Allí entendí que el verdadero límite no estaba en las piernas, sino en la cabeza.

- **Campeonato de España de 100 km en ruta - Subcampeona**
  Ocho meses de preparación compaginando entrenamientos de alto nivel con turnos nocturnos como policía, evitando lesiones en cada intervención y renunciando a descanso y vida social. Disciplina diaria y una meta clara.
- **IAU 24 Hour World Championship**
  174 km acumulados en 24 horas sobre un circuito de 400 metros, tras meses de entrenamientos de hasta seis horas seguidas en pista. Gestionar el sueño y el diálogo interior cuando el cuerpo pide parar.
- **World Police & Fire Games (Juegos Mundiales de Policías y Bomberos)**
  Múltiples participaciones con medallas —la mayoría de oro— en distintas disciplinas.
- **The Toughest Competitor Alive (TCA)**
  Esta competición está dentro de los Juegos Mundiales de Policías y Bomberos: ocho pruebas físicas en una sola jornada: cuerda, dominadas, arrastre de peso, natación... Medirme con atletas físicamente más grandes y demostrar que la fortaleza no depende del tamaño es muy motivador.
- **Ultras de montaña y carreras alpinas**
  Competir bajo cero, con nieve y terreno técnico, me hizo comprender que la resistencia es, sobre todo, mental.

El deporte en el embarazo

Una de las cosas por las que más me preguntan, y por las que más me han criticado, es el tema de hacer deporte durante el embarazo. A mí la gente me veía en redes superembarazada, con una tripa enorme, corriendo o levantando pesas, y me llamaban loca, irresponsable, de todo lo que te puedas imaginar. Por supuesto, también recibía muchos comentarios de gente con curiosidad genuina, que querían saber si eso era seguro, si ellas también lo podían hacer y qué recomendaciones deberían seguir para hacer deporte estando embarazadas. Lo primero de todo y más importante es que yo no soy médico, ni una experta en el tema del embarazo, por lo que tampoco quiero que nadie se tome lo que estoy escribiendo como si fuera la verdad absoluta. Ya lo he dicho muchas veces: en este libro doy mi opinión y cuento mi experiencia, para que a partir de ahí tú puedas tomar tus propias decisiones. Mi opinión es que se puede hacer deporte embarazada sin ningún problema, pero siempre con precaución y, por supuesto, si no hay una prohibición expresa por parte de los ginecólogos.

Cuando me llegan mensajes de mujeres que se acaban de quedar embarazadas y que quieren empezar a hacer deporte, no sé muy bien qué responder. Honestamente, si no has practicado deporte nunca, no creo que cuando te acabas de quedar embarazada sea el mejor momento para comenzar. Después de todo, el embarazo implica cambios enormes para el cuerpo de una mujer y estás en una situación muy delicada; meterle aún más cambios, e iniciarte en una rutina deportiva a la que no estás acostumbrada, quizá no sea la mejor idea. Entiendo perfectamente que haya gente que se sorprenda mucho al ver a esas mujeres embarazadas que siguen yendo a *crossfit*, pero debemos entender que seguramente lleven cinco, diez o incluso más años realizando ese tipo de deporte. Esas personas tienen una base muy sólida después de tanto tiempo haciendo ejercicio físico de alta intensidad, por lo que con un poco de ayuda son capaces de adaptar su entrenamiento a su embarazo. Creo que no hace falta haber estudiado medicina para saber que, si tú no has hecho deporte en tu vida, apuntarte a *crossfit* nada más quedarte embarazada no es la idea más brillante. Por supuesto, todo esto se entiende que se hace con el consentimiento de un médico. Al final, por mucho deporte que hayas hecho a lo largo de tu vida, si tienes un embarazo complicado o de riesgo, lo más probable es que tengas que mantener reposo.

El riesgo en el embarazo es algo muy serio. Hay que respetar todas las indicaciones médicas, por tu seguridad y por la de tu bebé.

Ahora bien, eso no significa que si estás embarazada y no has hecho deporte nunca no puedas cuidarte; de hecho, todo lo contrario; pero quizá deberías probar con el yoga, con la natación o saliendo a andar, deportes de bajo impacto y fácilmente adaptables al progreso del embarazo. Moverse y mantener una vida activa es algo muy importante, y eso no cambia con el embarazo, por lo que, si no tienes ninguna contraindicación, no hay ningún motivo por el que no debas hacer deporte durante el embarazo. Desde mi experiencia, creo que, si eres una persona como yo, acostumbrada a practicar mucho deporte, parar de golpe en el momento en el que te quedas embarazada puede ser contraproducente. Al final, es un cambio de rutina enorme en un momento muy delicado para tu cuerpo y algo tan drástico puede hacer el proceso más difícil.

Si es algo que te preocupa especialmente y necesitas consejo, acude a un profesional, no te fíes de lo que veas en redes ni de lo que leas en un libro cualquiera. Un embarazo es algo muy complicado y delicado a la vez, y hay que respetar y honrar el momento que estamos viviendo. Si quieres estar tranquila y practicar deporte con seguridad, te recomiendo que vayas a un médico deportivo, que son expertos en este tipo de cosas y pueden analizar tu condición física y darte una serie de recomendaciones adaptadas específicamente para ti. Yo tuve la suerte de que mi entrenador sabía muchísimo y estaba muy metido en el mundo deportivo, por lo que me recomendó un curso en la Facultad de Ciencias de la Actividad Física y Deporte (INEF) sobre el ejercicio durante el embarazo. El curso era presencial, duró dos semanas y casi todos los alumnos eran fisioterapeutas, matronas y personal sanitario relacionado con el embarazo. Eso me dio mucha seguridad a la hora de enfrentarme a mi rutina deportiva en esos nueve meses. Aprendí muchas cosas muy útiles y otras que eran de sentido común. Por ejemplo, algo de lo que hablaban mucho era de bajar la intensidad. Igual que te recomiendan que evites situaciones de mucho estrés, demasiada intensidad al practicar ejercicio físico también puede ser perjudicial. Otra cosa muy importante es mantenerte hidratada y asegurarte de que no sufres cambios bruscos de temperatura, como por ejemplo en una sauna. Esto se debe a que el feto no es capaz de termorregular solo; es decir, que no puede adaptarse a los cambios bruscos de temperatura, por lo que cualquier situación que provoque algo similar puede resultar muy peligroso para el feto. Más allá de estas recomendaciones, te insisto en que acudas siempre a un profesional, para asegurarte de que estás siendo todo lo cuidadosa y precavida posible.

Como en tantos aspectos de la vida, lo más importante es tener sentido común. Suena ridículo y muy obvio, pero de verdad que no sabes la cantidad de preguntas y comentarios increíbles que me han llegado a redes sociales. Desde ese ángulo, agradezco el anonimato que estas aportan, porque si esas cosas que me dicen me las dijeran en persona, no sé si sería capaz de aguantarme y no responderles cuatro cosas bien dichas. Si yo, cuando estaba embarazada, hubiera empezado a correr y me hubiera sentido incómoda o extraña, habría parado sin dudarlo ni un segundo. Quizá lo habría intentado una vez más, porque puede que ese día simplemente no me encontrara muy bien, o estuviera nerviosa porque eran las primeras semanas de embarazo, pero si esa sensación se hubiera repetido, con todo el ejercicio que he hecho y lo importante que es para mi vida, habría dejado de correr, sin pensármelo dos veces. Afortunadamente, mi embarazo fue muy tranquilo y sin sobresaltos, por lo que pude seguir corriendo y haciendo ejercicio; pero, no me cansaré de repetirlo, ese era mi caso, mi situación y mi embarazo, y esto no quiere decir que tu situación vaya a ser la misma. Al final las redes sociales no son un espejo; que tú veas a alguien haciendo algo no quiere decir que también tengas que hacerlo tú.

Ejercicio durante el embarazo

- Escucha siempre a tu cuerpo y no fuerces nunca. El embarazo no es momento de demostrar nada.
- Cuenta con la autorización expresa de tu médico antes de hacer ejercicio. Y con el apoyo de profesionales (fisioterapeutas, entrenadores especializados, etc.).
- Mantén una buena hidratación antes, durante y después de entrenar.
- Prioriza una alimentación equilibrada: verduras, legumbres y fruta; evita comidas copiosas y digestiones pesadas.
- Toma solo la suplementación recomendada para embarazadas (ácido fólico, hierro, calcio) y evita la suplementación deportiva innecesaria.
- Entrena con ropa cómoda y holgada y utiliza un buen sujetador deportivo que proteja el pecho del impacto (yo utilizaba doble sujeción incluso).
- Evita el calor, los cambios bruscos de temperatura y los entrenamientos en solitario en lugares aislados. Mejor espacios seguros donde puedan ayudarte si te mareas.
- Adapta el ejercicio a tu condición física previa, no es momento de empezar disciplinas nuevas.
- Reduce la intensidad y la duración: el objetivo es mantenerte activa, no competir.
- Y, por encima de todo, aplica el sentido común: no entrenes si no te encuentras bien. Lo prioritario es cuidarte.

Me elijo a mí, y a mis sueños

Creo que nunca llegas a acostumbrarte del todo a las sorpresas que la vida tiene guardadas para ti. Da igual la edad que tengas y las cosas que hayas vivido, de una forma u otra, siempre acabas en una situación que jamás viste venir. Esto no es un concepto nuevo ni un secreto, lo sabemos todos. Aun así, incluso sabiéndolo, muchas veces es imposible no dejarte llevar por ese ego que te dice que no, que después de varias décadas en este mundo ya nada puede sorprenderte y que, seguro que te lo ves venir, aunque solo sea un poco. Seguro que tú también habrás pensado eso de que la vida ya no puede sorprenderte, muy convencido de que pase lo que pase estarás al menos medio preparado para afrontarlo. Lo comento porque yo misma he caído en esa trampa, y me parece algo perfectamente normal. Has vivido, aprendido, cambiado y ahora estás en ese momento de calma en el que lo tienes todo bajo control. Sabes qué esperar y cómo reaccionar, las cosas ya no te pillan tan de sorpresa, como cuando eras más joven, cuando hasta el problema más pequeño se te hacía todo un mundo. Creo que es justo eso, esa confianza que te da la edad, lo que, por otro lado, juega un poco en nuestra contra. Tu cerebro se ha convencido a sí mismo de que tiene una respuesta para cualquier pregunta que se presente, por muy desagradable que sea.

Sin embargo, no podríamos estar más equivocados, ni tú ni yo. No te puedes confiar, porque es justo en ese momento, cuando tienes la guardia baja, que la vida aprovecha para presentarte eso que jamás habrías imaginado, lo que creías completamente imposible, aquello sin lo que ya habías aprendido a vivir. Y de repente te sientes como si tuvieras veinte años menos, como si hubieras vuelto atrás en el tiempo, y la toma de decisiones es increíblemente difícil. Seguro que a ti también te ha ocurrido. Y no hablo solo de cosas malas o situaciones desagradables, ya sabes que yo opino que no solo los momentos terribles son los que marcan un antes y un después en nuestra vida. Más bien, me refiero a esas opciones que creías que ya no tenías, esas puertas que asumías que estaban cerradas a cal y canto, esa oportunidad que creías imposible. ¿Cómo reaccionas ante algo así? Ya habías rehecho tu vida contando con que eso que te acaba de pasar era imposible. Habías tomado decisiones importantes justo por eso; tenías hasta un plan de futuro ideado, sabías perfectamente cómo se iba a desarrollar el resto de tu vida. Pero, de repente, de un día para otro, llega esa misma vida y te lo desmonta todo otra vez, como si nada.

Para mí estas situaciones son las más complicadas de llevar. Porque al final no te puedes enfrentar a ellas como si fueran un problema, porque no lo son. Un problema, por muy difícil y complicado que parezca, es algo que puedes resolver, tiene una solución, será más sencillo o complejo de superar, pero puedes distinguir qué se esconde al otro lado. Sin embargo, cuando lo que se te presenta no es un problema, más bien es una oportunidad, las cosas ya son completamente distintas. ¿Cómo se toma este tipo de decisiones? ¿Me lanzo de cabeza a por esa oportunidad que creía perdida o me mantengo con el plan que había creado contando con que esa oportunidad nunca se me presentaría? Frente a ti tienes dos opciones que parecen igual de buenas, pero que te ofrecen cosas totalmente distintas. Justo cuando pensabas que el camino a seguir era una línea recta, te tropiezas con una bifurcación. Eso fue justo lo que me pasó a mí.

Da igual la edad que tengas: la vida siempre encuentra la manera de sorprenderte.

Por fin pude disfrutar

Por aquel entonces yo me encontraba en uno de los mejores momentos de mi vida. Había logrado por fin mi sueño de ser policía y me sentía realmente realizada en el plano laboral. Estaba contenta con lo que hacía y creía que podía aportar mucha ayuda en situaciones difíciles. Pero, además de eso, había encontrado un *hobby* que me apasionaba y que, además, tenía la suerte de que se me daba bien, muy bien. Me sentía más fuerte que nunca física y mentalmente. Notaba cómo mi cuerpo iba cada vez a mejor, comía bien, me sentía sana y eso me animaba a seguir entrenando y compitiendo. Siempre volvía muy satisfecha de las competiciones, no hacía más que superarme a mí misma. No lo supe hasta que no lo viví, pero esa era la vida que necesitaba en aquel momento, lo que había estado buscando esos últimos años. Por eso, no paraba ni un segundo: cuando no estaba trabajando, estaba entrenando, y si no, viajando por todo el mundo para competir. No podía, ni quería, parar, estaba en la cresta de ola y no tenía ninguna intención de bajarme. No tenía pareja, pero tampoco lo sentía como algo indispensable, y sabía que, cuando estuviese preparada, podría dar el paso de ser madre sin necesidad de depender de nadie. Podía hacer lo que quisiera, cuando quisiera y como quisiera, y darme cuenta de eso supuso un antes y un después para mí. Por fin, estaba recogiendo los resultados del trabajo y sacrificio que había realizado durante años. Y creo que eso fue la clave, el detalle que dio origen a esta nueva etapa de mi vida.

Después de una adolescencia complicada y una entrada a la vida adulta un poco atropellada, lo único que había hecho desde que tenía dieciséis años era trabajar. La cafetería, la discoteca, la peluquería... Todos los días en varios sitios diferentes, yo no hacía otra cosa más que trabajar. Pasaba de un sitio a otro intentando ganar el dinero suficiente para poder vivir cómodamente. Y, una vez que tomé la decisión de prepararme para las oposiciones de policía local, pasé de trabajar todos los días a estudiar y entrenar a todas horas, todo lo que podía. Era un ritmo frenético y constante, algo que, aunque yo no me daba cuenta, quemaba mucho. No lo sabía, pero necesitaba un respiro, un cambio, algo que me obligara a parar y a recordarme que la vida no es solo el trabajo, es también disfrutar de lo que te gusta. Como ya he dicho otras veces, nunca tuve la sensación de estar renunciando a nada, de estar sacrificando mi juventud a cambio de una recompensa futura; ni siquiera ahora que lo veo con más perspectiva tengo esa sensación. Simplemente tomé las decisiones que creía correctas en el momento en el que se me presentaban. Ya sabes que yo no soy de las que se arrepienten de las cosas, yo no miro al pasado buscando dónde me equivoqué. Pero eso no quiere decir que no vea claramente la causa y las consecuencias de todo lo que vino después.

Después de años duros de trabajo constante, por fin había conseguido mi objetivo y la vida se presentaba ante mí como un mundo lleno de posibilidades.

Sencillamente estaba en un estado de euforia constante. El deporte me había dado la oportunidad de dejarme llevar, de disfrutar, pasármelo bien y sacarle el máximo provecho a la vida. Así que, una vez que fui capaz de superar ese periodo depresivo, me encontré con un mundo entero de posibilidades. Me vi a mí misma capaz de disfrutar de la vida, de hacer lo que realmente quería y, sobre todo, de apreciar lo que había tenido que superar para llegar a donde estaba. De repente, pude mirar mi vida y estar muy satisfecha, y cuando miraba a mi futuro lo veía todo muy claro; lo que quería hacer y lo que no dependía solo de mí. Había conseguido mi objetivo, me encontraba muy bien en todos los sentidos, lo único que me quedaba por hacer era disfrutar. Y me lancé de lleno. Viajes, competiciones, entrenamientos. Hice todo lo que siempre había querido realizar, aunque hasta entonces no lo supiera. Esas aventuras y locuras que hacen los de veinte, las emprendí con treinta y con cuarenta. Y aproveché cada segundo. No puedo describir con palabras la euforia que sentía en ese momento. Y fue justo así como la vida me pilló desprevenida, y todos mis planes se desbarataron por completo.

Cuando menos me lo esperaba

Por aquel entonces, yo tenía una idea bastante clara de cómo iba a ser el resto de mi vida. Quería seguir disfrutando del deporte al máximo y sabía que era ahora o nunca, así que aprovechaba cada competición que se me presentaba. Pero había una cosa que no dejaba de rondarme por la cabeza, una cosa que quería con todas mis fuerzas y que todavía no había conseguido, ese objetivo que aún estaba sin cumplir: ser madre. El paso de los años no me había hecho cambiar de opinión al respecto, quería ser madre y la opción que valoraba era hacerlo yo sola, siendo madre soltera. Eso era algo que yo tenía muy claro. Empezó como una idea que surgió tras mi ruptura y que fue cogiendo forma hasta convertirse en mi plan de futuro. Además, después de lo mal que lo pasé en mi última relación, no me apetecía nada entrar en otra, por muy increíble que pudiera ser. Ya sabes que yo soy muy independiente, por lo que nunca he sentido esa necesidad imperiosa de tener una pareja con la que compartir mi vida. No me malinterpretes, me gusta mucho tener pareja, yo soy una persona de relaciones largas y serias, pero la vida me ha enseñado que no necesito mantener una relación para vivir y ser feliz. Llegar a esa conclusión no ha sido nada fácil; al final, a todos nos enseñan desde pequeñitos que nuestro objetivo es encontrar un buen trabajo, una buena pareja y formar una familia. Como si esas tres cosas fueran la clave de la felicidad y si te falta una estás destinado a enfrentarte al resto de tu vida con una carencia.

Para mí eso no era así. Tenía un buen trabajo y quería formar una familia, no veía por qué era también necesario tener una pareja. No me parecía indispensable. Tampoco creo que me cerrara en banda a la posibilidad de encontrar a una persona con la que compartir mi vida, pero simplemente no me parecía un ingrediente de vital importancia para conseguir mi felicidad. Por eso, no estaba buscando nada ni a nadie, conmigo sola me bastaba; llevaba un ritmo de vida muy frenético, por lo que lo último que me apetecía era incorporar una nueva variable al esquema de mi vida en forma de una posible pareja. La perspectiva de pasar el resto de mi vida sin una relación seria no era algo que me asustara, simplemente era una posibilidad, y yo no le veía el problema. Por supuesto que esto es algo muy personal y que depende mucho de la persona. Pero para mí esa era mi realidad.

Quizá fue justo por eso por lo que no tenía prisa para ser madre, no dependía de nadie más que de mí misma, podía dejarme llevar y permitir que llegara el momento oportuno. No tenía que pensar en los planes de vida ni en los sentimientos o las opiniones de nadie, solo en lo mío y en lo que yo quería. El problema en estos casos es que, al permitirte fluir con la vida, corres el peligro de no llegar nunca a ponerte con eso que quieres hacer. Porque la realidad es que, por mucho que confíes en encontrar el momento oportuno, a veces eso no existe ni se va a dar por sí solo; es algo que tienes que crear tú. Pero claro, yo iba de competición en competición, y ya sabes que no me presentaba a una carrera tranquilita de fin de semana. No, yo me presentaba a competiciones que necesitaban meses y meses de preparación, algo completamente incompatible con la maternidad, por lo que ese momento oportuno no llegaba nunca y yo no hacía más que retrasarlo. Con cada año que pasaba, me decía a mí misma que ya no podía esperar más, que me tenía que poner ya; pero al final siempre acababa igual, diciendo que una competición más y ya. Tan enfrascada estaba en mis entrenos y mis carreras, que no me di cuenta de que algo en mi vida estaba empezando a cambiar, hasta que fue demasiado tarde.

Los momentos oportunos no existen, al menos no para aquello que va a cambiar tu vida por completo. El momento oportuno es algo que tienes que crear tú.

Más allá de mi vida deportiva, mi vida laboral era inmejorable. Estaba muy a gusto con mis funciones, mi turno de noche y mis compañeros. Cuando no tenía la vista puesta en la siguiente competición, el siguiente reto, estaba pensando en mi trabajo, en hacerlo lo mejor posible. Y había un compañero con el que me llevaba especialmente bien. Nos conocíamos de hacía muchos años, habíamos trabajado juntos y nos entendíamos muy bien; solo con mirarnos sabíamos lo que iba a hacer el otro. Ese tipo de conexiones no son fáciles de encontrar y no surgen de la noche a la mañana, es algo que se va fraguando con el trabajo de muchos años. Seguro que ya estás empezando a ver por dónde voy. Te prometo que yo no me daba cuenta, tenía la cabeza en otro mundo completamente, y me pilló totalmente desprevenida. Hasta que un día, de repente, lo vi: me estaba enamorando de mi compañero, y él de mí. Ese fue uno de los momentos en los que me dije a mí misma: «Susana, ¿qué estás haciendo?». Seguramente dirás que menudo problema que se enamore de ti un hombre maravilloso, porque lo es, una persona magnífica, y que tú te enamores también de él. Y es que ahí estaba el *quid* de la cuestión, que no era en sí un problema. ¿Cómo iba a serlo? Era justo lo que deseaba desde hacía tanto tiempo y que pensaba que ya no iba a tener: una persona con la que compartir mi vida.

Lo difícil de esta situación era que surgió en un momento muy delicado y me desbarataba por completo mis planes. Lo primero de todo, era un compañero de trabajo, y eso para mí siempre había sido un «no» rotundo. Me parecía que complicaba innecesariamente las cosas, que lo hacía todo más difícil, y el mío no es el tipo de trabajo que se puede hacer un poco más complicado. Así que ya estaba rompiendo una de mis normas más importantes. Por mi cabeza pasaban todos esos posibles escenarios incómodos a los que no me quería enfrentar: «¿Qué pasará si rompemos?», «¿Cómo afectará esto al ambiente laboral?», «¿Podremos seguir cumpliendo con nuestro trabajo?». A estas preguntas, yo les daba muchas vueltas, porque una situación incómoda en un trabajo como el mío no se queda en una reunión de departamento tensa, sino que podría suponer un problema para mí, para mis compañeros y para las personas involucradas en cualquier escena en la que estuviéramos. No era algo que me pudiera tomar a la ligera. Si iba a intentar esto, tenía que estar completamente segura de que no iba a comprometer mi trabajo ni la seguridad de nadie.

Pero según pasaban los días y le daba vueltas al tema, me iba dando cuenta de lo bien que congeniábamos. Éramos muy similares, compartíamos tantos valores y nos llevábamos tan bien, que me parecía ridículo no intentar que esta relación funcionara. ¡Estas oportunidades no se presentan todos los días! El verdadero problema, lo que más me preocupaba, era que había superado los cuarenta años y si quería ser madre tenía que ponerme ya. Pero claro, si estaba considerando seriamente tener una relación con una persona que sentía que era la indicada, mi plan de ser madre tendría que esperar. Obviamente, no le iba a decir a una nueva pareja que nos teníamos que poner a tener hijos ya. ¡Sería una completa locura! La maternidad era algo que me tomaba muy en serio e, idealmente, quería estar totalmente segura de que la persona con la que estaba era el padre que deseaba para mis hijos. Porque para mí, ser una buena pareja y ser un buen padre no son cosas que vengan necesariamente de la mano; y yo quería ser madre, por lo que necesitaba que esta persona encajara en ambos aspectos. Además, ya me rondaba en la cabeza lo de ser madre soltera, ¿cómo iba a encajar eso con el principio de una nueva relación?

Cuando menos lo esperaba, se me presentó una oportunidad que yo ya creía imposible. ¿Cómo iba a decir que no?

Tenía la cabeza hecha un lío. Me costaba creer que me hallara en una situación como esa. Con lo claro que lo tenía todo, con los planes tan claros que tenía, el futuro tan bien definido que me había creado para mí misma. De repente, me vi obligada a encajar una nueva pieza en el puzle de mi cabeza, cuando pensaba que estaba más que completo. Y lo peor de todo era que ni siquiera podía estar molesta. ¿Cómo iba a estarlo ante la perspectiva de compartir mi vida con una persona maravillosa? La idea de ser madre soltera no se me borraba de la cabeza, pero, claro, ante la posibilidad de ser madre con otra persona, de poder seguir ese esquema que la sociedad nos presenta como el correcto, se me hacía muy absurdo no intentarlo. ¿Acaso no era eso lo que yo había querido desde hacía ya tantos años? ¿Cómo podía siquiera no intentarlo? Además, no era una persona que acabara de conocer, que hubiese irrumpido en mi vida de un día para otro. Era alguien que conocía muy bien, que sabía el tipo de persona que era. No iniciaba una relación de cero. Tenía mucho contexto que me daba la seguridad de que esta relación iba a ser una de las buenas. Sabía que él era una persona fantástica, alguien que quería en mi vida de una forma u otra. Pero no podía evitar pensar en ese esquema que yo me había creado de mi vida, ¿cómo podía encajar ahí este nuevo aspecto?

Sin embargo, a pesar de todas las vueltas que le di, no lo pude evitar: cuando me quise dar cuenta estábamos perdidamente enamorados el uno del otro. Con él, comenzó la mejor relación que he tenido nunca. Nos queríamos muchísimo y nos apoyábamos un montón el uno al otro. Veíamos las cosas de la misma manera y teníamos los mismos *hobbies*. Con él viajé por todo el mundo para ir a competiciones, me animaba cuando más lo necesitaba y me acompañaba en cada paso que daba. Fue mi mayor apoyo en todas y cada una de las locuras a las que me apunté en esos maravillosos años que estuvimos juntos; y ya sabes que no fueron pocas. Recuerdo que hasta se vino conmigo cuando decidí apuntarme a la carrera de las 24 horas. El pobre me acompañó hasta Barcelona y se quedó sentado en una silla con todas mis cosas mientras yo daba vueltas y vueltas al circuito. Estuvo todo el día atento a lo que yo pudiera necesitar. Y ese es solo un ejemplo de los muchísimos momentos en los que estuvo ahí para mí. También hicimos juntos el Camino de Santiago en bici, a pesar de que yo no soy especialmente ciclista. Fue idea suya y yo me sumé encantada, con lo deportista que soy y con la cantidad de carreras a las que me había apuntado, ese reto se me hacía muy fácil de superar. Recuerdo que me decía que no es lo mismo estar todo el día montando en bici y haciendo miles de kilómetros que hacer bici media hora en el gimnasio, que es lo más cerca que había estado yo del ciclismo. Pero como soy muy cabezota y orgullosa, yo le decía que no había ningún problema, que yo podía hacer el Camino de Santiago en bici con los ojos cerrados. Para sorpresa de nadie, no habíamos salido de Madrid y yo ya estaba que me quería morir. Me dolía el cuerpo entero y no me podía sentar en el sillín de lo mucho que me dolía todo. Fue horrible. Él se ofreció varias veces a que lo dejáramos, que no teníamos que hacer eso si yo lo iba a pasar tan mal. Imagino que no te sorprenderá saber que me negué en rotundo a abandonar, yo me había comprometido y nada ni nadie me iba a hacer abandonar. Al final el viaje no fue tan terrible y me acabé acostumbrando al sillín y al dolor, pero aprendí a no subestimar nunca una bici.

Para encajar una nueva pieza en el puzle de tu vida no puedes precipitarte ni dejar de lado tu libertad.

La decisión más dolorosa

Los años pasaban y nuestra relación iba a mejor, era inmensamente feliz. Sin embargo, no todo era perfecto. De vez en cuando sacaba el tema de ser padres y él siempre me respondía que sí, pero que todavía no, que no estaba preparado. Yo nunca le había ocultado mi deseo de ser madre, él lo sabía perfectamente, ya no solo ahora que era mi pareja, sino antes como amigo. No creo que hubiera nadie en mi círculo cercano que no supiera que deseaba ser madre. Pero el tiempo pasaba, yo me iba haciendo mayor y cada año me volvía más insistente, porque sabía que ya estaba entrando en una cuenta atrás. Veía cómo mis opciones de ser madre se iban reduciendo según iba cumpliendo años y no quería arriesgarme a dejar pasar esa oportunidad sin intentarlo. Pero la respuesta que recibía era siempre la misma, todavía no. De repente, me vi con cuarenta y nueve años y no había ni una sola señal de que la situación entre nosotros fuera a cambiar. Yo le quería muchísimo y la relación que teníamos era absolutamente perfecta, así que le di muchas vueltas al tema. Me analicé a mí misma un montón, por qué quería ser madre, qué pasaría si no conseguía serlo, si de verdad era algo que deseaba, si me arrepentiría más por serlo o por no serlo. Fue una situación muy complicada, muy confusa. Por un lado, estaba en la mejor relación que había tenido nunca y sabía que eso era algo muy valioso, que no le pasa a todo el mundo. Pero también sabía que mi deseo de ser madre no había disminuido ni un poquito a lo largo de los años, no era algo que pudiera controlar, los deseos son así, y sabía perfectamente lo mucho que me iba a arrepentir de no ser madre.

Al mismo tiempo, tampoco me veía capaz de obligar a nadie a ser padre si no era algo que quería de verdad. Tal y como yo lo veo, la maternidad o la paternidad es algo que tienes que querer, que no se puede forzar, porque no sería nada justo para nadie, ni para el padre ni para el hijo. Creo que al final se genera resentimiento y culpabilidad, y yo no quería ser la causa por la que alguien fuera infeliz. La realidad era que él no quería ser padre, y no hay nada de malo en eso. Es una decisión perfectamente respetable, tanto como la mía de serlo. Pero yo sí quería ser madre, lo deseaba tanto que dolía. Así que me encontré en una situación imposible. Tenía la sensación de que en este caso no había una respuesta correcta, ni un camino sencillo. Tomase la decisión que tomase, iba a doler. Creo que supe lo que tenía que hacer desde el principio, pero intenté resistirme a la idea, era como si pensara que, si lo dejaba pasar un tiempo, solo unos días más, sería capaz de encontrar la solución a mi problema y todo saldría bien. No tendría que comprometerme con una cosa ni con la otra, mi relación perfecta y mi deseo de ser madre, podría tener las dos y esto se quedaría en un mal trago. Pero no era así y yo lo sabía. Llegó un día en el que me vi obligada a actuar, tuve que romper la relación.

Mi deseo de ser madre seguía ahí, tan fuerte como siempre; y no me veía capaz de renunciar a él. No sin antes intentarlo.

Fue una situación muy complicada, de las decisiones más difíciles que he tomado nunca. Pero, al mismo tiempo, estaba completamente segura de que era la correcta. Desde fuera podía parecer egoísta, una mala decisión, estaba echando por tierra una relación magnífica por algo que ni siquiera sabía si iba a conseguir. Pero tal y como yo lo veía, lo que estaba haciendo era elegirme a mí misma, tomar el camino que me permitía perseguir mis sueños. Para mí eso no era un acto egoísta, más bien estaba siendo honesta conmigo y con mi pareja, porque sabía las consecuencias que tendría renunciar a ese sueño. No quería encontrarme unos años después reprochando a mi pareja por el hecho de no haber podido ser madre, ni tampoco quería que él me reprochara a mí por ser padre solo porque yo quería ser madre. No era justo, ni sano para ninguno de los dos. Por muy perfecta que fuera la relación, por mucho que nos quisiéramos con locura, hay ciertos aspectos que, si no compartíamos, esa relación no iba a funcionar. Cuanto más lo pensaba, más segura estaba de que había tomado la decisión correcta, por mucho que doliera. Sabía que quedarme y renunciar a mis sueños no habría salvado la relación, todo lo contrario, la habría destinado aún más al fracaso.

Mi deseo de ser madre no era un capricho, ni una idea romántica que no había pensado bien. Todo lo contrario, era una parte esencial de mi persona, una certeza que me había acompañado siempre, en todos y cada uno de los momentos de mi vida. ¿Cómo iba a renunciar a eso? ¿Cómo podía siquiera planteármelo? Era impensable. Sin embargo, también era consciente de lo que esa decisión implicaba. Tenía cuarenta y nueve años. Si quería ser madre, tenía que ponerme ya. Y eso significaba que lo de ser madre soltera había pasado de ser una idea y una posibilidad a una realidad que, con un poco de suerte, podría estar a punto de experimentar. Ese pensamiento no me daba miedo, no me asustaba lo más mínimo. A esas alturas, sabía lo que quería y esa era la forma de conseguirlo. Quizá esto pueda sonar sorprendente, pero en mi cabeza no tenía la sensación de estar abandonando un sueño por otro. No sentía que estuviera sacrificando una buenísima relación por mi sueño de ser madre. Simplemente estaba siguiendo el camino que tenía más probabilidades de llevarme hasta mi objetivo. Romper esa relación fue doloroso y una decisión difícil, pero era consciente de que con él no iba a poder ser madre, jamás me habría visto capaz de obligarle a ser algo que no quería; por eso, el camino a seguir se me presentó como inevitable. Habíamos llegado a un punto muerto y nuestras vidas tenían que seguir caminos distintos. No era culpa de nadie, simplemente la vida a veces es así.

Alcanzar tus sueños implica realizar sacrificios por el camino. Romper con una pareja maravillosa fue algo muy doloroso, pero necesario.

Siempre había tenido la sensación de que el curso que iba a seguir mi vida no se iba a ajustar a las convenciones sociales a las que todos estamos acostumbrados, pero eso se había convertido en una certeza. Esa idea puede suponer un problema para muchas personas; es muy difícil darte cuenta de que lo que siempre te han enseñado como el camino correcto, de repente no es para ti. Es muy sencillo caer en el error de pensar que lo estás haciendo mal, que hubo un momento en el que tomaste una decisión equivocada, y por eso ahora te ves obligado a hacer las cosas de otra manera. Pero déjame que te diga que eso no es cierto. El camino correcto no es el mismo para todos. Es imposible que lo sea. ¿Qué tiene de malo hacer las cosas de otra forma? Si yo lo que quiero es ser madre soltera y puedo hacerlo, ¿por qué me iba a sentir mal por ello? Yo no le veía el problema ni se lo he visto nunca. Aunque nos han dicho que las familias se forman con una pareja, eso no es cierto. Lo que necesitas para formar una familia es amor y compromiso, y yo de eso tenía de sobra. Hacía ya mucho tiempo que había comprendido que tener una pareja no era algo indispensable para mi felicidad, pero ser madre sí que lo era. Por supuesto que la idea de compartir tu vida con una persona maravillosa es algo muy bonito, pero, si todo salía bien, acabaría compartiendo mi vida con mi hijo. ¿Acaso no es eso igual de maravilloso?

Siempre he pensado que los ingredientes básicos para formar una familia son el compromiso y el amor.

Quizá te estés preguntando si alguna vez me he arrepentido de darle una oportunidad a esa relación, una vez que me di cuenta de que no iba a funcionar. La respuesta es un no rotundo. Ya sabes, porque lo he repetido hasta la saciedad, que no soy de las que se arrepienten del pasado. No miro las decisiones que he tomado y las analizo para ver dónde podría haberlo hecho mejor; no creo en esas cosas. Cada paso que he dado en la vida me ha llevado a donde estoy ahora, y soy inmensamente feliz, ¿cómo iba a arrepentirme de nada? La relación que tuve con esta persona fue estupenda, me hizo muy feliz y nos quisimos muchísimo. Jamás podría ver algo así como una pérdida de tiempo, ni como un error, ni siquiera como algo que me frenó en mi sueño de ser madre, porque no fue ninguna de esas cosas. Vivimos momentos muy bonitos y a su lado pasé muchos de los mejores años de mi vida. Para mí, eso no es un desperdicio de nada y mucho menos algo de lo que arrepentirme. Simplemente fue una etapa que tuvo un principio y un final. No me arrepiento de darle una oportunidad a eso de tener pareja, tampoco creo que fuera un error intentarlo, porque estuviera destinada a ser madre soltera. Porque francamente eso es algo imposible de saber con antelación. Además, frente a mí se encontraba el principio de una nueva etapa, algo que cambiaría mi vida por completo y que me daría lo que yo siempre había querido. A pesar de la tristeza que me producía la ruptura, no tenía tiempo para recrearme en eso. Iba a empezar el proceso para ser madre, y eso era lo único en lo que podía pensar.

Mi embarazo, una misión no tan imposible

Sabía que era el momento, ya no podía retrasarlo más. Me había pasado más de diez años viendo cómo la vida me ponía un obstáculo tras otro, obstáculos que, reconozco, utilicé para decirme a mí misma que todavía no, que no era el momento, que quería disfrutar un poco más de mi vida antes de ponerlo todo patas arriba con la maternidad. Pero había llegado un punto en el que, si quería ser mamá, era ahora o nunca. A los cincuenta desaparecería la opción de la fecundación *in vitro* y, con ella, la oportunidad más real que tenía de quedarme embarazada. No iba a permitir que eso pasara, no sin antes lucharlo con todas mis fuerzas. Por mucho que lo hubiera estado retrasando, mi convicción no había desaparecido ni siquiera un poquito. Quería ser mamá e iba a hacer todo lo posible para lograrlo.

Desde el principio fui consciente de mi situación y sabía que no era la ideal, porque si esto salía bien, iba a ser madre soltera con casi cincuenta años. Y eso no es algo que se vea todos los días. Pero la decisión estaba tomada, sabía lo que quería, lo que llevaba años queriendo, y la presión del ahora o nunca me impulsaba a actuar. Aun así, no podía evitar que mi cabeza diera vueltas a los pros y a los contras. Mentiría si dijera que no hubo momentos en los que parecía que las dudas y los miedos iban a poder conmigo, porque hubo más de un día en el pensé que no iba a conseguirlo. Opté por enfrentarme a este reto como lo haría con cualquier otra situación de mi vida, sin rendirme. Sabía que el miedo al fracaso formaba parte del proceso, que era algo normal, incluso diría que inevitable, por lo que ignorarlo no era una opción: para superar un miedo hay que aceptarlo. Es en momentos como este en los que agradezco la confianza y la tenacidad que me ha enseñado el deporte, porque no importa la cantidad de obstáculos que te pongan en el camino, ni lo mucho que tardes en conseguir tu objetivo, lo importante es levantarte tras una caída y seguir corriendo, porque solo así se puede llegar a la meta. Al final, por muchas dudas y miedos que surgieran, no había nada capaz de superar las ganas que tenía, y que he tenido siempre, de ser madre. Por eso, me agarré a ese sentimiento con todas mis fuerzas y seguí adelante.

El miedo al fracaso forma parte del proceso, y para superar un miedo hay que aceptarlo.

TODAS LAS PUERTAS SE IBAN CERRANDO

Mi plan de acción estaba claro. Había decidido que la forma de obtener lo que me proponía, en la situación en la que estaba, era la fecundación *in vitro*. Había escuchado miles de historias de amigas, de compañeras, de conocidas, algunas eran verdaderas historias de terror y, aunque la mayoría tenían un final feliz, el recorrido era de todo menos agradable. Desde el principio, intenté prepararme mentalmente para lo que venía, para los intentos fallidos, para las decepciones, para los tratamientos dolorosos y las noches sin dormir; pero era perfectamente consciente de que no había ninguna preparación posible que pudiera hacer este proceso más sencillo. Sabía que lo único que me ayudaría de verdad, lo que me mantendría despierta y con ganas era la confianza en que iba a conseguir mi objetivo: que, de una forma u otra, iba a ser mamá. Así que antes de llenarme la cabeza de preocupaciones por cosas que aún no habían sucedido, puse toda la carne en el asador y me puse a investigar sobre clínicas de fertilidad.

Investigué muchas clínicas y doctores, leí también sobre todo ello. Como comprenderás, aquí no voy a entrar en detalles sobre todas las clínicas que visité ni con qué doctores hablé, porque me parece que este libro no va de eso. Además, cada cuerpo, cada caso, cada mamá, es un mundo; y este es un tema muy delicado como para andar hablando de métodos definitivos o haciendo promesas vacías. Lo que sí que voy a hacer es contarte mi experiencia, como he hecho a lo largo de estas páginas, y compartir lo que he aprendido. A veces escuchar la historia de otra persona te puede ayudar a dar el paso definitivo, o sentirte acompañada si ya estás en ello, incluso si lo que quieres conseguir no tiene nada que ver con ser madre.

Todo este proceso lo inicié con la idea de que quedarme embarazada iba a ser una misión casi imposible, pero con ganas de intentarlo todas las veces que hiciera falta. Comencé visitando tres clínicas en Madrid, no solo porque era donde yo vivía, sino también por esa mentalidad de «bueno, es la capital; es una ciudad enorme, aquí estarán las mejores clínicas». Encontré un par que me inspiraron bastante confianza y pedí citas. Después de varias sesiones con distintos doctores, todos me decían lo mismo: cuando veían mi edad y que quería ser madre soltera, enseguida saltaban con que iba a ser más bien imposible. De hecho, muchos se sorprendían al verme, al ver mi edad, al ver lo que quería, y me miraban con una mezcla de sorpresa, compasión y condescendencia que me hacía sentir muy incómoda. Yo salía de esas citas con un nudo en la garganta y ganas de llorar, pero también con la sensación de que, al menos, me estaban diciendo la verdad. Agradecía honestamente su sinceridad porque es mejor que te dejen las cosas claras a que te digan que todo va a salir bien, y que lo vamos a conseguir a la primera, para luego llevarte la decepción. Pero tal y como me lo pintaban, era un panorama bastante desolador.

Hasta entonces, yo pensaba que como había congelado óvulos con treinta y cuatro años estaba todo medio arreglado; que, a partir de ahí, era cuestión de intentarlo a ver si había suerte. Pero parecía que ni por esas. Yo no me desanimaba, quería intentarlo con todas mis fuerzas y si al final no podía ser, que no fuera porque no lo había intentado. Para mí, todas esas citas con esos pronósticos tan poco prometedores fueron el obstáculo más difícil de superar mentalmente. Llegué a pensar que no lo iba a conseguir, que era demasiado tarde, que era culpa mía por haberlo pospuesto tanto. Pero todo eso eran pensamientos que no me ayudaban. No me servía de nada pensar que tenía que haber empezado este proceso antes, porque la realidad es que no podía volver atrás en el tiempo. No me quedaba otra que trabajar con lo que tenía. Decidí centrarme en lo positivo, en todas esas cosas que tenía a mi favor. Por un lado, sabía que no podía rendirme sin intentarlo, porque me arrepentiría toda la vida; creo que resulta más fácil aceptar un fracaso sabiendo que has hecho todo lo posible por conseguirlo. Y, por otro lado, no podía dejar que la situación afectara a mi actitud, a mi ilusión por ser madre, a la confianza que tenía en mí misma para lograrlo. Así que me armé de valor y seguí adelante.

No podía rendirme sin intentarlo, porque me arrepentiría toda la vida.

La mujer que miró más allá de mi edad

Después de varias consultas, me dije a mí misma que ya era suficiente. No quería volverme loca mirando en mil sitios y comparando sensaciones y presupuestos porque sentía que iba a perder la cabeza. Tenía que tomar una decisión y empezar de una vez por todas. Fue entonces cuando recordé el caso de una amiga mía, que después de mucho intentarlo y de pasarlo francamente mal, había conseguido quedarse embarazada. Seguro que casi todas tenemos una amiga así, con una historia llena de intentos fallidos que, afortunadamente, acaba con el milagroso nacimiento de un bebé. Yo quería ser esa amiga, la que acaba consiguiendo lo que se propone y consigue ser mamá. Recordé que mi amiga lo había hecho en una clínica en Valencia, con la doctora Juana Crespo. Hablando un día con ella, me animó a visitar a la doctora. Acabé cediendo, pensé que a estas alturas no perdía nada por preguntar en un sitio más, pero tenía que ser el último. El hecho de que la clínica estuviera en Valencia me complicaba un poco las cosas, porque yo seguía viviendo en Madrid, pero pensé que si al final lo hacía allí solo tendría que viajar un par de veces a Valencia y listo. Por supuesto, el proceso fue mucho más complicado de lo que yo esperaba.

Aproveché unos días que estaba visitando a mi familia en Alicante y me presenté en Valencia a mi cita con la doctora Juana Crespo. Fui esperando que me dijera lo mismo que me habían dicho antes: que mirara mi DNI y me dijera que iba a ser prácticamente imposible. De hecho, lo primero que le pedí fue sinceridad, porque lo último que necesitaba eran falsas esperanzas. Yo siempre me he considerado una persona muy honesta y directa, hasta que me encontré con Juana. La doctora me miró a los ojos y me dijo: «A ver, tú para esto estás vieja, claro que sí, no te voy a engañar, estás totalmente fuera de plazos. Tu *in vitro* no va a plantear problemas, pero sí puedes tener un embarazo más complicado». Al oír eso, insistí: «Juana, dime la verdad, ¿tú crees que yo me puedo quedar embarazada?». La doctora me miró como si hubiera dicho la cosa más absurda del mundo: «Hombre, pues claro, si no ¿para qué estás aquí? ¿Tú a qué has venido? A ser madre, ¿no?

Pues mira». Me señaló un panel que tenía en la pared con, y no estoy exagerando, doscientas fotos de mamás y papás con sus bebés, todas llenas de mensajes de agradecimiento. Entonces, me dijo: «Vamos, que te voy a mirar por dentro».

Esa frase fue la que lo cambió todo para mí. Porque, aunque la actitud de Juana era distinta, el mensaje al final era el mismo: ser madre iba a ser complicado. Pero ella fue la primera que miró más allá de mi fecha de nacimiento. En esa primera cita, antes de hablarme de cifras y de situaciones imposibles, me hizo pasar a una sala en la que me hizo un examen exhaustivo porque, tal y como ella me explicó, antes de decirme nada más concreto tenía que ver con qué estaba trabajando. Ahora que ya ha pasado un tiempo, y lo puedo ver todo con perspectiva, me doy cuenta de que tenía todo el sentido del mundo. ¿Cómo iba a decirme un doctor que era imposible quedarme embarazada solo con mirarme, sin hacerme una revisión de verdad? Sin darme cuenta, esas consultas habían hecho que me olvidara de una de las cosas que creo que me definen como persona:

La edad es solo un dato, no un límite.

En Juana y su equipo encontré justo lo que necesitaba: gente dispuesta a darme una oportunidad. Sin hacerme promesas vacías, la doctora me había devuelto la esperanza que casi sin darme cuenta había ido perdiendo poco a poco, cita a cita. Hasta entonces no lo sabía, pero lo que yo realmente necesitaba, además de una buena doctora que supiese tantísimo de su trabajo, era una persona que estuviera tan dispuesta como yo a dejarse la piel en el proceso. Tenía muy claro que iba a intentarlo hasta quedarme sin opciones, que no iba a dejar de luchar; pero cuando te enfrentas a todo esto tú sola, se hace mucho más cuesta arriba. Es increíble cómo una situación se ve de una manera totalmente distinta dependiendo de la actitud que tiene la gente de la que te rodeas. No soy médico, ni estoy aquí para presumir de saber más que nadie sobre lo que es posible o no, pero cuando se trata de temas de la salud, muchas veces caemos en la trampa de generalizar demasiado, de asumir lo que sucede solo con un par de datos, cuando la realidad es que cada paciente tiene unas características y una situación distinta. Entiendo perfectamente que mi edad fuera un factor muy relevante a la hora de ser madre; por supuesto que lo era, sería absurdo decir lo contrario. También entiendo que todas esas clínicas han tratado con miles de mamás y papás, por lo que saben distinguir perfectamente cuando un caso va a ser más difícil de lo normal. Pero parecía que ya habían decidido lo que iba a pasar antes de conocerme como paciente. Juana fue la primera que me dio una oportunidad, me tomó en serio y me examinó de arriba abajo.

La verdad sin adornos

Confieso que Juana me cayó bien desde el principio. Tiene ese tipo de personalidad que me gusta, muy sencilla, muy directa, no se anda con rodeos. Por eso, cuando, después de examinarme, me dijo que estaba «más seca que la mojama», ni me decepcionó, ni me chocó, ni nada por el estilo; sentía que venía una explicación y una serie de propuestas para ver cómo solucionarlo. Y así fue. Te lo voy a explicar igual que lo hizo ella, porque creo genuinamente que es la mejor forma de entenderlo. Me explicó que por dentro yo era como una pista de patinaje, ahí no iba a agarrar nada, ni un embrión milagroso sería capaz de aguantar ahí dentro. Me explicó que para quedarme embarazada el interior de mi útero tenía que estar más maleable, viscoso, esponjoso; no como lo tenía yo, totalmente seco. Por mi edad, es totalmente normal que yo estuviera así, era ridículo pretender que mi útero estuviera en las mismas condiciones que el de una persona con veinte años menos. Al escuchar su explicación me quedé un poco preocupada, ¿cómo iba a pretender que me quedara embarazada así? Fue entonces cuando me habló de un tratamiento al que llamó *refresh*.

Refresh o legrado uterino

Es un procedimiento quirúrgico que consiste en retirar tejido del interior del útero; para ello, raspan suavemente el endometrio eliminando toda la capa superficial. Es una intervención rápida, pero el periodo de recuperación es de un mes entero.

Juana me explicó que, al ir envejeciendo, el útero se va quedando cada vez más seco y se van creando adherencias, transformando lo que debería ser un túnel en un laberinto. Tal y como estaba, si fueran a meter un embrión ahí, el pobre no haría más que dar vueltas y chocar con las paredes, haciendo que fuera casi imposible quedarme embarazada. Con el tratamiento que me propondía la doctora, el camino sería mucho más sencillo y, como ella decía, hasta el embrión más patoso sería capaz de llegar a su destino.

Para entonces yo ya tenía más que claro que esto solo lo podía hacer con ella. Así que le conté mis preocupaciones y lo que me habían dicho en otras clínicas. Juana fue muy tajante. Me dijo que, si yo estaba bien de salud, me hacía el tratamiento que me proponía y usábamos los óvulos que congelé, no había ninguna contraindicación para que pudiéramos empezar con el proceso. Revisó conmigo todos los obstáculos a los que nos enfrentábamos. «No te puedes quedar embarazada porque tu útero no está como debería, pues no pasa nada, yo te lo arreglo. No te puedes quedar embarazada porque tú ya no ovulas, tampoco es un problema porque tú los tienes congelados. No te puedes quedar embarazada porque no tienes pareja o no eres compatible con ella, pues ya nos encargamos nosotros de buscar el donante perfecto para ti». Al ver que yo insistía con el tema de la edad, ella me dijo que me olvidara por completo de eso. Si no hay ningún obstáculo, y Juana me aseguró que se iba a encargar de que no los hubiera, la edad no es un problema para quedarte embarazada. «Sí que es cierto —me dijo—, que puede que tu embarazo sea más complicado, que lo pases peor o que lo acabes perdiendo, pero eso es algo de lo que no está exento nadie, da igual la edad que tengas». Después de la consulta, Juana me mandó directamente con administración y ya ahí hablamos de dinero y de todas las pruebas que tenía que mandarles antes de empezar.

Salí de allí con muy buenas sensaciones, la doctora había sido igual de sincera conmigo que en todos los sitios que había consultado, pero además de esa sinceridad, Juana me había presentado un plan de acción. Sentía que las dos estábamos alineadas, que la doctora se enfrentaba a los retos igual que yo: una vez que soy consciente de los obstáculos que pueden surgir, creo un plan de acción para hacerles frente uno a uno. Me había hecho una lista de todos los motivos por los que iba a ser complicado conseguir lo que me proponía y, acto seguido, me había propuesto una serie de cosas para solucionarlo, cómo conseguir que la balanza se inclinara a nuestro favor a pesar de los contratiempos. Con ella, sentía que podía lograrlo; en vez de ver un futuro borroso de pruebas confusas e intentos desesperados, veía un camino con una serie de pasos muy claros. Desde esa primera consulta, supe que Juana estaba tan dispuesta como yo a luchar por que esto saliera bien; y eso era justo lo que yo necesitaba.

Para enfrentarte a un reto, analiza los obstáculos que pueden surgir, y luego elabora un plan de acción para hacerles frente.

Un plan en marcha

Nada más llegar a Madrid me hice todas las pruebas que me pidieron, análisis de sangre con valores específicos, mamografía, ecografía, escáner de útero, de todo; fueron muy exhaustivos. Y una vez que el equipo de Juana lo revisó todo, se inició el proceso. Lo primero que hicimos fue el tratamiento de *refresh* que me había explicado. Como era una intervención quirúrgica, tuve que pedirme varios días de baja, y, al ser en Valencia, tenía que coger el coche para llegar hasta allí y luego, nada más terminar, volver a subir al coche de vuelta a Madrid. Conducir en ese estado fue duro. Me sentí un poco sola porque además llevaba el tema en secreto. Encima, estábamos en julio y hacía un calor terrible. La cirugía en sí no fue muy larga ni muy desagradable; lo más molesto fue la recuperación, que era de un mes entero. Como lo que hacen es cortar la capa interna del útero, tardaría un tiempo en cicatrizar, y para asegurarse de que todo cerrara correctamente, me pusieron una especie de globito en el interior del útero. No era desagradable, la sensación era la misma que si tuviera un tampón. El problema fue que no podía bañarme en todo el mes que iba a durar la recuperación y tenía que ser muy cuidadosa con la higiene para que no se infectara nada. Con el calor que hacía en Madrid, ese mes de agosto se me hizo eterno. Más allá de las recomendaciones para recuperarme de la cirugía, me pidieron que descansara todo lo posible, que desconectara, me cuidara y me fuera de vacaciones, porque en septiembre empezábamos con todo el tratamiento.

Mientras me recuperaba, el equipo de Juana no paraba, estaban ya buscando a mi donante perfecto. Para ello, me hicieron rellenar un cuestionario muy detallado de fenotipos, en el que apuntaba no solo mi color de ojos, de pelo, de piel y otras características físicas, sino también un montón de preguntas sobre mi historial médico y el de mi familia. Recuerdo que lo que más me costó fue encontrar todas las fotos que me pedían, que eran muchas, y tuve que andar rebuscando en álbumes familiares. El objetivo de todo esto es, primero, asegurarse de que el bebé salga sano, y segundo, que se parezca todo lo posible a la mamá. Yo se lo puse un poco más complicado, porque soy del grupo cero negativo y Juana quería intentar que el bebé y yo tuviéramos el mismo grupo sanguíneo.

El 2 de septiembre empecé con toda la medicación que me mandaron, que no era poca. A finales de mes, me llamaron de la clínica diciendo que ya habían encontrado a un donante. Era el momento de desvitrificar mis ovocitos y formar un embrión. El 4 de octubre me dieron cita para la transferencia. Ahí fue cuando de verdad sentí que la cosa se ponía seria. Aunque habían pasado solo unos meses desde que inicié el procedimiento para quedarme embarazada, esto era algo que llevaba esperando toda la vida. Y por fin había llegado el momento. Era una sensación extraña, una mezcla de nervios, miedo y emoción; sentía que estaba muy cerca de cumplir con mi objetivo, pero al mismo tiempo era consciente de que eso no significaba que este primer intento resultara un éxito.

Yo no había visto a Juana desde aquella primera cita y cuando la vi el día de la transferencia, ya en la sala con su batita y su gorrito puesto, confieso que me puse muy nerviosa. La doctora me miró y me preguntó qué tal estaba. Yo le dije la verdad, que estaba nerviosa porque por fin había llegado el momento que llevaba tanto tiempo esperando. Sentía que en cualquier momento se me iba a escapar una lagrimilla. Juana, con su sinceridad de siempre, me dijo que no había motivo para estarlo, que lo que tenía que estar era tranquila, porque así era como nos aseguraríamos de que todo saliera bien. Me pidió que confiara en ella, que habían escogido al mejor donante y al mejor embrión, que todo iba a salir bien, pero que tenía que estar relajada.

Solo habían pasado unos meses desde que inicié el proceso, pero llevaba esperando este momento toda la vida.

Pasamos a quirófano y ahí ya estaba todo su equipo con los trajes puestos, con unos guantes larguísimos y una especie de caperuzas enormes. Escuché a alguien decirle a Juana que ya lo tenían preparado, y vi a una persona entrar con una cánula larguísima para entregársela a la doctora. Yo miraba a mi alrededor y me sentía en una película de ciencia ficción, como si en vez de estar en una clínica de fertilidad estuviera en una expedición a Marte. Juana pasó la cánula por una luz de neón y dijo: «Sí, ahí está, comprobado. Vamos a por ello». No sabía muy bien qué esperar, porque con estas cosas, por mucho que te expliquen y te enseñen, es difícil hacerse a la idea de cómo va a ser realmente. Para mí este era un momento muy importante y todo el mundo a mi alrededor parecía muy imponente, con sus trajes y su material médico. Casi esperaba que alguien soltara alguna parrafada llena de términos muy técnicos del estilo: «Vamos a comenzar con el proceso de transferencia, aquí tenemos el embrión...». Pero, después de coger aire y prepararme para algo que no sabía qué era, escuché: «Ya está». No me dio tiempo ni a cerrar los ojos para tranquilizarme. Tenía que haber escuchado mal. «¿Ya está?», pregunté. «Sí, ya está dentro, todo listo». Ni siquiera me había enterado. No había sentido absolutamente nada. Hacía solo un momento estaba mirando el embrión en la cánula y al siguiente segundo Juana me estaba diciendo que ya estaba colocado. Fue una sensación muy surrealista.

Al terminar, me acerqué a la doctora pidiéndole recomendaciones, esperando que me recomendaran lo de siempre: reposo casi absoluto, nada de hacer ejercicio. Juana me dijo que hiciera vida normal y, claro, yo tuve que explicarle que mi vida normal no era igual de normal que la de otras personas y que, teniendo en cuenta que mi embarazo era de mucho riesgo, no quería hacer ninguna tontería. «Vamos a ver —me dijo—, tú haces atletismo, ¿no? Pues sigue haciéndolo. Y ¿cómo que eres un embarazo de riesgo?, ¿dónde está el riesgo? Eres una mujer sana, con un embrión sano. El riesgo ya se verá más adelante. Ahora lo que tienes que hacer es estar tranquila y vivir tu vida normal. Eso sí, estas primeras 24 o 48 horas, no hagas nada, guarda reposo». No me debió de ver muy convencida, porque me agarró y me dijo: «Susana, si tiene que ser, será. Un par de carreras no va a cambiar nada. Tú mejor que nadie sabes lo que le conviene a tu cuerpo, préstale atención, hazle caso. En diez días vemos qué pasa».

Y eso hice. Volví a Madrid y dos días después bajé a entrenar a la pista de atletismo. Como me encontraba muy bien, yo seguí con mi entrenamiento, tanto ese día como los días siguientes. Corría como lo hacía siempre, pero prestando atención a las pulsaciones y sin música, para no distraerme y escuchar bien mi cuerpo. Me encontraba tan bien que a veces me sorprendía a mí misma recordándome que podría estar embarazada. No quería hacerme ilusiones antes de tiempo, sobre todo porque sabía que era muy probable que este primer intento no saliera adelante. El hecho de que me encontrara tan bien me llenaba de esperanza, porque sentía que era una señal de que todo estaba saliendo como debía, pero al mismo tiempo me preocupaba que encontrarme demasiado bien significara lo contrario, que no había ningún cambio en mi cuerpo porque no estaba embarazada.

«Si tiene que ser, será. Confía en tu cuerpo y escúchalo: él sabe lo que necesita».

La llamada que cambió mi vida

Por fin pasaron los diez días y llegó el momento de hacerme los análisis con los valores que me indicó Juana para descubrir si estaba embarazada o no. Me presenté en el hospital a las ocho en punto y pasé la mañana muy inquieta, esperando a que me dieran los resultados. Cuando me llegó el correo, lo abrí como una loca, y no sé si fueron los nervios o qué, pero no era capaz de encontrar dónde ponía si estaba embarazada o no. Yo solo veía palabras y números que no era capaz de descifrar. Así que se lo mandé a la clínica de Juana y estuve el resto del día pendiente del teléfono. Las horas pasaban muy lentas y no dejaba de mirar el móvil. Esa tarde me tocaba entrenamiento con los chicos que se están preparando para policía y ni siquiera consideré quedarme en casa. Si no salía y hacía algo de ejercicio, me volvería loca. Así que ahí estaba yo, corriendo en la pista con los chicos, más pendiente del teléfono que de ellos.

Pasadas las siete de la tarde, me entró por fin la llamada de la clínica de Juana Crespo y el corazón me dio un vuelco. Me fui rápidamente a una zona apartada donde había unas gradas, para estar medio escondida y que no me viera nadie. No soy una persona especialmente negativa; todo lo contrario, de hecho, pero esperaba una mala noticia. Era consciente de mi situación y de las dificultades que había, así que supongo que intentaba prepararme a mí misma para el momento tan desagradable que estaba a punto de vivir. No conocía a nadie que se hubiera quedado embarazada con el método *in vitro* a la primera, siempre es la segunda o la tercera, o incluso más. Así que crucé los dedos y cogí el teléfono. «Te llamamos de la clínica de Juana Crespo. Enhorabuena, estás embarazada».

Jamás se me van a olvidar esas palabras, ni lo que sentí en ese momento. No fue un mareo, pero sentí cómo me fallaban las piernas. Tuve que agacharme y ponerme en cuclillas, con la cabeza agachada intentado distinguir si eso que me estaba pasando era realidad o solo un sueño. No me lo podía creer. Creo que pregunté algo como: «¿De verdad? ¿Me lo estás diciendo en serio?». La chica me dijo que sí, y que no solo estaba embarazada, estaba embarazadísima, porque mis valores beta había salido altísimos. Yo seguía ahí de cuclillas con unos lagrimones enormes que me rodaban por la cara. De verdad que no me lo podía creer. Le di las gracias a la chica como medio millón de veces antes de colgar, no sabía ni lo que decía. Me recompuse como pude y volví al entrenamiento, intentando hacer como si nada hubiera pasado, pero la verdad es que mi cabeza estaba en otro mundo.

Cuando me dieron la noticia, todo se detuvo. ¿Era realidad o un sueño? Tenía cuarenta y nueve años y estaba embarazada de mi hijo.

Dos semanas después estaba en Valencia para hacerme la primera revisión. Ahí vimos que todo estaba perfecto. El embrión había agarrado perfectamente y estaba en las paredes laterales del útero, el mejor sitio para que el embarazo transcurriera sin contratiempos. Vimos que se había formado la bolsa de la placenta y que tenía buena permeabilidad y buen grosor. Creo que no hay palabras para describir lo contenta y emocionaba que estaba. Ni en mis mejores sueños habría imaginado que todo saldría tan bien. Era perfectamente consciente de la suerte que había tenido. Lo había conseguido a la primera y todo pintaba increíble. Me costaba creérmelo.

A partir de ahí, llegaron tres meses en los que cada dos semanas tenía que viajar a Valencia para hacerme las revisiones. Durante esta primera fase del embarazo, me tuvieron muy controlada. Me hacían mil pruebas y análisis de todo para asegurarse de que el desarrollo del feto era el correcto y que no surgía ningún tipo de contratiempo. Me dijeron que preferían hacerme todas las pruebas ellos mismos, para asegurarse de que no se les escapaba nada. Cuando cumplí el primer tercio del embarazo me avisaron de que ya podía llevar el resto del embarazo en Madrid.

Algo en lo que insistió mucho mi ginecólogo fue en la importancia de la prueba de la diabetes gestacional, que se realiza cuando más o menos comienzas el segundo trimestre del embarazo. Al parecer, a partir de los cuarenta años las probabilidades de desarrollar diabetes gestacional subían muchísimo, y yo estaba bastante por encima de los cuarenta. La prueba consistía en beber un botecito —sabía a puro azúcar, era como un jarabe—, esperabas diez minutos y luego te hacían la analítica. Fueron muy prudentes conmigo y me hicieron la versión larga del proceso que duraba toda una mañana casi. En vez de darme un botecito, me dieron tres y me hicieron tres analíticas. Afortunadamente, en todas salió negativo. Otra prueba que recuerdo bien fue una en la que analizaban uno por uno todo tipo de enfermedades de carácter genético que pudiera desarrollar el bebé. Fue una prueba carísima y los resultados eran páginas y páginas de datos. Todo dio negativo.

Cuando llegó la cita de la semana doce, Juana me avisó de que sería la última. Todo se había desarrollado correctamente y mi embarazo ya se consideraba normal. Después de todo el seguimiento y todas las pruebas, ya podía quedarme en Madrid y visitar a cualquier ginecólogo para lo que me quedaba del embarazo. Me despedí de la doctora con mucho cariño y me dijo que le enviara una foto de Leo cuando naciera, que le hacía ilusión. Le prometí que lo haría y me volví a Madrid, lista para iniciar la siguiente fase del embarazo, más tranquila y sin tantos viajes; pero consciente de que llegaba el momento de que la gente supiera que estaba embarazada. Fue entonces cuando mi vida cambió radicalmente.

Todo el mundo tiene algo que decir

Tardé bastante en contar que estaba embarazada, y no fue solo porque sabía que estos primeros meses eran críticos y que todavía existía la posibilidad de perderlo. Sobre todo, fue porque sabía que las reacciones podían ser muy variadas y no quería que nada me agobiara durante esas primeras semanas de embarazo. En la clínica me recomendaron que hiciera todo lo posible por estar tranquila y relajada, y que evitara situaciones que sabía que me iban a estresar. Eso fue lo que hice. Me centré en mí misma y en mi cuerpo, me intenté olvidar de lo que podrían pensar o decir los demás cuando se enteraran. Las semanas pasaban y todo iba genial, pero ocultarlo era cada vez más complicado, sobre todo porque, como conté en el capítulo anterior, cada dos semanas me tenía que hacer un viaje de un día yo sola a Valencia. Por fin se cumplieron los tres meses, el peligro de las primeras semanas había desaparecido y mi embarazo se podía tratar como uno más. Sabía que había llegado el momento de que mi círculo cercano lo supiera.

Prácticamente toda la gente que me rodeaba, mi familia, mis amigos, mis compañeros de trabajo, sabían que yo quería ser madre, eso nunca fue un secreto. Pero seguramente asumieron que era algo que ya había dado por perdido; que, con cincuenta años, ya se me había pasado el momento de ser madre. Y no los culpo, es lo que pensaría la mayoría de la gente. Por eso, sabía que la noticia iba a pillar a todo el mundo por sorpresa y que era probable que no todas las reacciones fueran buenas. Era consciente de que esas reacciones menos buenas, porque sabía que malas como tal no iba a haber en mi círculo cercano, no serían por maldad, sino que vendrían más bien de la preocupación, de las dudas. El mío era un caso chocante, eso lo entendía perfectamente, y me parecía lógico que surgieran preguntas e inquietudes. Pero la noticia la tenía que dar tarde o temprano. Era algo por lo que tenía que pasar y no podía retrasarlo infinitamente; más que nada porque en algún momento se iba a empezar a notar. Yo soy, ya lo sabes, muy directa y sincera, así que decidí enfrentarme a esto de una, quitármelo de encima para poder seguir adelante sin preocupaciones, y gestionar de una vez por todas las reacciones de la gente.

Los primeros en saberlo fueron, obviamente, mis familiares más cercanos. Justo coincidía que era diciembre y nos íbamos a reunir todos para celebrar las fiestas. Me pareció el momento perfecto. Con toda mi familia reunida en la mesa, podía contárselo a todos de golpe y en persona, sin llamadas telefónicas incómodas ni andar dándole vueltas sobre a quién se lo digo primero. Era la cena de Nochebuena, con toda mi familia cercana reunida. Antes de cenar, me metí en una habitación y me escribí un mensaje en la tripa con unas pegatinas de purpurina de muchos colores: «Hola, familia, tengo 3 meses».

No podía controlar las reacciones de los demás, pero sí la tranquilidad con la que quería vivir mi embarazo.

Muy impaciente y emocionada por ver cómo reaccionaban, volví al comedor y, cuando me aseguré de que estaban todos sentados a la mesa, me puse de pie y me levanté la camiseta. Hubo de todo, la verdad. Primero hubo un *shock* general, creo que intentaban asimilar el mensaje que había en mi tripa. Una vez caló la información, llegaron las reacciones. Mi madre, la pobre, casi se desmaya; mi cuñada rompió a llorar, y mi padre no reaccionaba. Estaba sentado en el sofá y no decía nada. Surgieron muchas preguntas, dudas, preocupaciones, lo que yo esperaba, y fui respondiendo una a una de manera calmada. Que todo estaba bien, que lo había hecho yo sola, que sabía perfectamente lo que implicaba, pero que estaba muy contenta. La verdad es que fue bien, dentro de lo que cabe. Tanto mis padres como mi hermano estaban muy contentos por mí y sus preocupaciones me parecían más que lógicas. Conté con su apoyo desde el principio y ahora que tengo a Leo todos le quieren con locura.

El primer paso ya estaba dado, me había quitado un peso muy grande de encima. Pero todavía me quedaba bastante por hacer. El segundo paso sería contarlo en el trabajo, pero aún no me parecía que fuera el momento. No lo dije hasta casi los cinco meses, cuando me tocaba empezar a gestionar la solicitud de la baja. El motivo por el que esperé tanto no fue por miedo, sino porque no sabía si, al estar embarazada, podrían llegar a pedir que me readaptaran, si me cambiarían de mi turno de noche a uno de mañana o si me harían quedarme gestionando papeleo sentada en un habitáculo durante horas, algo que sabía que me acabaría volviendo loca. No estaba para cambios. Me llevo de maravilla con mis compañeros, me gusta mi turno y, después de veintitrés años siendo policía, sé reconocer una situación de riesgo y actuar de la forma más segura posible. Y lo más importante, sabía que cualquier cambio de mi rutina laboral iba a suponerme mucho estrés, que era justo lo contrario de lo que me había sugerido mi doctora. No me apetecía readaptar mi horario a un turno distinto, ni a compañeros nuevos, ni aprender a cómo gestionar otro tipo de tareas. Además, tuve la suerte de que mi embarazo fue muy tranquilo. No tuve náuseas, ni mareos, sentía que mi cuerpo estaba perfectamente y tenía la misma energía de siempre. Por eso, seguí trabajando como siempre. Aunque recuerdo que esas Navidades me tocó trabajar durante la cabalgata de Reyes, que para un policía consiste en estar de pie horas y horas controlando a la gente. No fue lo más agradable del mundo, pero lo superé. Una vez que lo anuncié en mi trabajo, quedaba un tercer y último paso: contarlo en redes.

Sin querer me hice viral

Las redes sociales surgieron en mi vida como supongo que lo hacen para todo el mundo. Me enteré de que existía una red social para subir fotos y, como me hizo gracia, me abrí una cuenta y empecé a subir contenido. No tenía ninguna expectativa de nada, simplemente subía lo que hacía en mi día a día y ya está, como hacían millones de personas en todo el mundo. Como mi *hobby* principal siempre ha sido el deporte, mi cuenta estaba muy centrada en eso; no fue una decisión consciente, simplemente era a lo que más dedicaba mi tiempo fuera del trabajo. Empecé subiendo vídeos entrenando y cuando participaba en carreras mostraba todo el proceso, desde los meses de preparación hasta la carrera en sí. Como vi que mi contenido gustaba, simplemente seguí haciéndolo cada vez de forma más regular. Los seguidores iban subiendo poco a poco, sobre todo después de participar y ganar varias carreras, pero era una progresión lenta. Nunca me ha importado el número de seguidores, ni en ningún momento ha supuesto un reto llegar a una cantidad determinada. Simplemente, compartía lo que me gustaba.

Como mis retos deportivos se hacían cada vez más serios, me fui haciendo conocida en círculos deportivos y de competiciones extremas. Me hacían entrevistas y reportajes, y fue entonces cuando los seguidores se multiplicaron, pero tampoco era ninguna locura. Poco a poco, esto de las redes se convirtió en una parte importante de mi vida. Disfrutaba mucho compartiendo mi rutina de entreno y mis experiencias en las carreras. Con el paso del tiempo, había creado una comunidad muy agradable de seguidores que me apoyaban y seguían mi contenido. Y nada de eso cambió cuando decidí empezar el proceso de la fecundación *in vitro*. De ese proceso no compartí nada; primero, porque me parecía algo muy personal, y segundo porque no me apetecía lidiar con las opiniones de nadie, y sabía que iban a aparecer comentarios desagradables. Por eso, yo seguí subiendo el mismo contenido de siempre, mis rutinas y mi ejercicio del día a día.

Era consciente de lo que suponía ser madre para mi forma de hacer deporte. Esas carreras extremas de 24 horas o correr sin parar durante días por el desierto se tenían que acabar, no eran compatibles con lo que sería mi nueva vida. No solo por la falta de tiempo ni por la incomodidad, sino porque sabía que no era seguro. La preparación para participar en carreras de ese tipo es muy dura y exige mucho de tu cuerpo, algo que no te puedes permitir si estás pensando en quedarte embarazada. Pero ese parón no me hizo abandonar las redes ni mucho menos, yo seguía entrenando incluso cuando me quedé embarazada. Por supuesto, lo hacía con mucho cuidado, prestando atención a mi cuerpo y siendo cuidadosa conmigo misma, si un día no me apetecía entrenar, pues no entrenaba, y no había ningún problema. No creo que mis seguidores en redes notaran ninguna diferencia en mi comportamiento.

Pero como en ningún momento dejé de subir contenido, sabía que tarde o temprano tenía que decir algo, porque iba a ser muy obvio e imposible de ignorar. Tampoco deseaba darle mucho bombo al tema; quería mencionar algo que iba a hacer que mi vida cambiara por completo y que, por lo tanto, iba a afectar al contenido que subía. Así que un día decidí que había llegado el momento y en un post anuncié que estaba embarazada. Era un post con varios vídeos míos entrenando pierna en el que ya se me veía la barriguita y utilicé la descripción para hacer el anuncio:

El embarazo no tiene edad

«Hay que entender mejor el embarazo. A mis casi cincuenta años voy a ser madre soltera y no puedo estar más feliz, sin duda vivimos una época muy diferente a la que conocíamos y las cosas no son como nos las habían contado. Tras infinitos controles y exhaustivas pruebas, estoy llevando un estupendo embarazo. ¡Por ser una tía en un gran estado de forma y con una actitud impresionante!».

Me pareció un post bonito y sencillo, en mi línea, nada fuera de lo normal. Pero fue entonces cuando mi mundo entero dio un salto. Mi post se hizo muy popular de repente y me empezaron a llegar miles de mensajes de todo tipo. Los seguidores comenzaron a subir: de cien mil pasé de repente a doscientos mil y luego a trescientos y cuatrocientos, hasta los quinientos mil que tengo ahora que escribo esto. Supongo que esta es la típica frase que decimos todos los que nos hemos hecho populares en redes, pero de verdad que no me lo imaginaba para nada. Yo esperaba que hubiese comentarios, por supuesto; la gente en redes siempre habla mucho y de lo mío había mucho que decir. Pero de ahí a que mi cuenta llegara al medio millón de seguidores hay un paso bastante grande. Se hablaba mucho de mí, de que estuviera embarazada con casi cincuenta años, y mi historia fue noticia en redes y en medios *online*, incluso llegué a salir en el telediario. Para mí todo esto era una locura, yo solo me veía como una mujer normal que hacía ejercicio y se había quedado embarazada. Ahí fue cuando surgieron las habladurías sobre mí y sobre mis decisiones.

El anonimato de las redes sociales

Hoy en día todos sabemos cómo son las redes, lo maravillosas y lo terribles que pueden llegar a ser. Y yo las viví exactamente así. Si me pusiera a contar la cantidad de mensajes positivos que me llegaron, y que me continúan llegando, no acabaría nunca. Fue precioso ver el apoyo de la gente que llevaba mucho tiempo siguiéndome, incluso el de las personas que me conocieron tras el anuncio de mi embarazo. Una de las cosas buenas que tienen las redes es que puedes llegar a mucha gente, que puedes dar y recibir apoyo de personas que se encuentran a miles de kilómetros de distancia. Y mi historia tuvo ese efecto. Muchísimas mujeres y hombres me escribían en comentarios para darme la enhorabuena y para felicitarme. Pero lo que más me llenaba de todo esto eran los mensajes que expresaban que verme a mí les había devuelto la esperanza; que mi historia les había ayudado a recuperar las ganas y que, si yo podía, ellos también. Con total honestidad, mi intención nunca fue esa, yo solo compartía contenido porque me gustaba.

Esa fue una de las mejores sorpresas que me han dado las redes. Nunca lo había pensado así, pero seguramente esos meses de citas, de pruebas, de esperas, los habría llevado mejor si hubiera tenido un referente que me diera fuerzas. Supongo que yo me he convertido en ese referente para muchas personas. No pretendo hacerme la heroína, ni he cambiado el mundo haciendo pública mi historia, pero creo firmemente, y cada día que paso en redes lo que veo me lo corrobora, que hay veces que conocer la historia de otra persona te puede ayudar muchísimo. A menudo, el obstáculo más grande al que te tienes que enfrentar, cuando quieres conseguir algo, es mental. Tú misma te pones trabas y te cuesta creer que puedes conseguirlo, ya sea por el miedo al fracaso o porque crees que no tienes lo necesario para lograr tu objetivo. Es por eso que mucha gente busca referentes y apoyo externo en personas que ya lo han conseguido, que están donde tú quieres estar. Sé que yo me habría sentido menos sola, que mi objetivo me habría parecido más alcanzable, si hubiera visto a otra persona en mí misma situación lograrlo. Las redes sociales permiten a personas totalmente distintas crear una comunidad, apoyarse las unas a las otras para alcanzar un objetivo común; aunque luego la lucha sea individual, sabes que no estás sola.

A menudo, el obstáculo más grande al que te tienes que enfrentar, cuando quieres conseguir algo, es a tu mente.

Yo elijo siempre quedarme con la parte positiva de las experiencias que vivo, así que cuando pienso en esos días en los que mi cuenta se hizo más y más conocida, intento centrarme en la parte buena de todo eso. Pero mentiría si dijera que solo hubo buenos momentos. Entre esas oleadas de comentarios y mensajes positivos, se cuelan palabras terribles. Es una de las cosas que tienen las redes sociales: otorgan a las personas una especie de anonimato en el que pueden decir y hacer lo que quieran, porque se saben seguros tras la pantalla. Desde el anuncio de mi embarazo, a mí se me ha acusado de absolutamente todo lo que te puedas imaginar. Analizaban cada aspecto de mi vida, cada gesto, cada decisión que tomaba, y le daban la vuelta para poder darme una lección de vida, para demostrar lo mucho que sabían ellos y lo poco que sabía yo. Mi edad era lo primero que molestaba a todo el mundo: que si era una irresponsable, que mi hijo se iba a quedar sin madre demasiado pronto, que si iba a nacer mal porque su madre era demasiado mayor... Y muchas más cosas que es mejor no repetir. Otro de los detalles que también le parecía terrible a muchas personas era el hecho de que siguiera haciendo deporte. Las críticas se basaban en que tanto deporte iba a acabar afectando negativamente al bebé. Por supuesto, ya te podrás imaginar que la forma en la que lo expresaban era mucho más desagradable que como yo lo estoy poniendo aquí. Pero, de nuevo, son palabras que no merece la pena reproducir.

No estoy contando esto para dar pena, ni para que simpatices conmigo, ni mucho menos para que vayas a mi cuenta y respondas a esos comentarios desagradables. Esto es simplemente un recordatorio de lo limitantes que son las redes. Si has llegado hasta esta parte del libro, sabrás cómo fue mi proceso hasta que me quedé embarazada y el cuidado que tengo, y que he tenido siempre, a la hora de entrenar; sobre todo, estando embarazada. Por eso, no hace falta que te diga que todos esos comentarios se basaban en suposiciones sobre mí que eran de todo menos ciertas. Pero eso es lo que tienen las redes sociales, al final solo mostramos una parte de nosotros y acabamos creando un personaje que se asienta en la mente de la gente que nos ve; un personaje con una vida que seguramente no se parezca en nada a la realidad. Es muy fácil pensar que lo que ves en redes es todo lo que hay, pero no es así. Yo sabía perfectamente que mi bebé estaba muy sano porque me había hecho miles de pruebas y me tenían muy controlada. Sabía que, aunque entonces tuviera cuarenta y nueve años, los óvulos que habían utilizado eran de cuando tenía treinta y cuatro, por lo que el peligro se reducía muchísimo. También sabía muy bien lo que podía y lo que no podía hacer con el deporte estando embarazada. Tenía a un entrenador a mi lado, que era un gran profesional, y podía confiar en él para que mi entrenamiento fuera seguro. Pero eso son cosas que conocía yo; la gente que se dedicaba a poner comentarios desagradables en mis redes no tenía ni idea de nada de esto. No me conocían para nada, no sabían mis motivos, ni mis preocupaciones, ni en qué condición física y mental me encontraba. Y, aun así, se creyeron con el derecho de acusarme.

Las redes sociales solo muestran una parte de nosotros, por lo que se acaba creando un personaje con una vida que no se parece en nada a la realidad.

A mí todas esas acusaciones me resultaban ridículas e infundadas. Además, era consciente de que su ignorancia sobre mi situación no tenía nada que ver con su comportamiento. Ni aunque hubiera contado en detalle todo el proceso, y hubiera justificado por qué todo lo que decían no era cierto, habrían cambiado las cosas. Sus críticas no eran constructivas, solo buscaban hacer daño. Mi actitud ante estos comentarios siempre ha sido ignorarlos, alguna vez he respondido a alguno de forma un poco sarcástica, no pude evitarlo, pero tampoco quiero convertirlo en un hábito porque creo honestamente que no merece la pena. Sobre todo, porque no conseguiré que cambien de opinión. Sus palabras no surgen de la preocupación por mí ni por mi bebé, sino que son una forma de hacer daño a las personas, por lo que no hay nada que yo pueda decir que les haga reflexionar y cambiar su actitud. Además, gracias al carácter que tengo, rara vez logran hacerme daño; no responderles provoca que todos sus esfuerzos sean en vano, porque no han obtenido lo que buscaban. Soy perfectamente capaz de distinguir entre un comentario que solo intenta ser dañino y uno que viene inspirado por la curiosidad. Es una de las ventajas que tiene mi edad. Estas cosas no me afectan como le pueden afectar a una mamá con veinte años menos; de hecho, sé perfectamente que si estas cosas que me están diciendo ahora me las hubieran dicho cuando tenía veinte o incluso treinta, mi reacción habría sido totalmente distinta. La edad te da confianza y perspectiva.

No estoy aquí para darle lecciones a nadie sobre cómo comportarse en internet, porque es algo que sabemos todos de sobra. Basta decir que hay comentarios que están fuera de lugar, y que lo único que buscan es hacer daño; hay muchas personas que se pueden sentir muy afectadas con este tipo de comportamientos. No puedo evitar pensar en todas esas mamás que se dedican a las redes y que reciben estos comentarios a diario. Si incluso a mí, con la actitud y el carácter que tengo, en ocasiones me cuesta gestionar estas cosas, no me puedo ni imaginar lo mal que lo pueden pasar mamás más jóvenes o en una situación mucho más delicada. Es muy fácil escribir y darle a enviar sabiendo que las consecuencias a las que te podrías enfrentar son prácticamente inexistentes. No pretendo comprender los motivos que llevan a alguien a meterse en posts como los míos a decir las barbaridades que dicen. Solo espero que esto sirva como un recordatorio de que detrás de esas fotos y esos vídeos se encuentra un ser humano, que parece que eso a veces se nos olvida. Por eso, creo que de vez en cuando habría que recordar a más de uno que si eso que estás escribiendo no es algo que te atreverías a decirle a alguien a la cara, quizá deberías tomarlo como una advertencia y no escribirlo. Ser respetuosos con los demás tampoco es tan complicado.

Escudados en el anonimato de las nuevas tecnologías, muchos se olvidan de un valor fundamental: el respeto de los unos a los otros.

La realidad no es como la pinta un post

Este concepto de que las redes no muestran toda la realidad de una persona es aplicable, ya no solo a estos comentarios maliciosos, que solo buscan hacer daño, sino también a las suposiciones que hacemos todos de lo que vemos en redes. Muchas veces, cuando seguimos durante un tiempo a alguien en redes sociales, tenemos la sensación de que conocemos íntimamente a esa persona. Conocemos su rutina diaria, lo que le gusta comer o comprar; a veces, incluso a sus amigos y familiares cercanos; creamos una especie de relación con esa persona. Pero eso no significa que la conozcamos de verdad: las redes sociales son una ventana a la vida de los demás, pero una ventana no es la casa entera. Un ejemplo que me viene ahora a la cabeza es por comentarios que recibo, tanto en redes como en la vida real, sobre esos días en los que participo en alguna carrera y vienen Leo y mi madre. Mucha gente me dice, con toda la buena intención del mundo, que qué suerte tengo de que mi madre se pueda quedar con Leo mientras yo corro, qué suerte tengo de disponer de un sistema de apoyo que me ayude. Ay, si supieran.

La realidad de esta situación es la siguiente: la mayoría de las veces que viene mi madre con Leo a acompañarme en una carrera no es para que cuide a mi hijo mientras corro. De hecho, en muchísimas carreras he participado con Leo en un carro, corriendo los dos juntos; cosa que también molesta a mucha gente, pero, bueno, hay muy pocas cosas que puedo hacer que no molesten a nadie, así que ese no es mi problema. El motivo verdadero por el que me llevo a mi madre a este tipo de eventos es para sacarla de casa, para que pase tiempo con mi hijo y se relacione con otras personas. Hace no mucho que diagnosticaron a mi madre con Alzhéimer y la situación es bastante complicada. Yo vivo en Madrid y ella en Alicante, por lo que no puedo ayudarla todo lo que me gustaría, sobre todo ahora que soy madre. Por eso, todas esas cositas que parecen insignificantes, pero que la ayudan mucho, las hago sin pensarlo dos veces. A mi madre le viene muy bien estar con Leo, porque así se distrae, se entretiene y su enfermedad no está tan avanzada como para que no pueda ocuparse bien de él. Mi madre no hace nada de ejercicio ni sale mucho de casa, por eso llevarla a las carreras con Leo es una oportunidad perfecta para ella. Pasa tiempo con su nieto, se mueve, pasea y se relaciona con las personas que también están allí acompañando a otros corredores. Estos momentos le vienen muy bien para mantenerse activa.

Es muy fácil pensar que lo que ves en redes es todo lo que hay, pero no es así.

Por eso, me hace gracia cuando la gente comenta la suerte que tengo de que mi madre se pueda quedar con mi hijo mientras yo disfruto de mis *hobbies*. Suerte de tener a mi madre tengo, y mucha, porque es una madre fantástica y la mejor abuela que cualquier madre pudiera desear para su hijo. Leo la quiere con locura y se lo pasa en grande con ella. Mi madre es otro ejemplo de que la edad no es un obstáculo para ciertas cosas, con sus setenta y ocho años es una abuela igual, o incluso más increíble, que cualquiera más joven. Pero el hecho es que no todo es lo que parece. Y mi madre no está ahí para hacer de niñera de mi hijo, aunque desde fuera, desde la pantalla de un móvil, pueda parecer justo eso. De nuevo, no cuento esto para inspirar la compasión de nadie. Es simplemente un ejemplo de cómo lo que percibimos en redes, tanto las cosas buenas como malas, son solo una parte de algo mucho más complejo.

Mi trabajo no son las redes

Con todo esto que estoy contando, tampoco estoy diciendo que use mis redes sociales para mostrar una realidad falsa, nada más lejos de la realidad. Solo que obviamente no comparto cada aspecto de mi vida en mis posts, por lo que hay muchas cosas que no se saben. Y creo que eso es bueno, al fin y al cabo, no me parece que sea sano ni seguro compartir absolutamente todo en redes sociales, porque tengo la sensación de que llegaría un punto en el que no distinguiría entre qué son las redes y qué es mi vida personal. Además, soy policía y sé de primera mano los riesgos que conlleva exponerte tanto a un público que se esconde tras una pantalla. Aunque las redes sociales se hayan ido convirtiendo poco a poco en una parte importante de mi vida, mi prioridad siempre ha sido la misma: proteger mi vida privada y la de mis seres queridos.

Aun así, el tipo de persona que soy se ve claramente en mis redes sociales, no es un personaje ni una caricatura de mí misma. La Susana que ves en redes, la que está escribiendo esto y la que soy en realidad son la misma persona. Que no comparta cada detalle de mi vida no quiere decir que aquellas cosas que elijo mostrar a mis seguidores no sean honestas; de hecho, creo sinceramente que sería incapaz de actuar de otra manera. No soy ese tipo de persona, no me saldría, ni aunque lo intentara. También creo que es uno de los factores que han contribuido a que mi perfil tenga éxito. Las redes sociales llevan muchos años en funcionamiento y todos tenemos ya los ojos entrenados para distinguir a una persona de una personalidad. En un mundo en el que estamos tan saturados de contenido y de estímulos, un poco de honestidad y de realidad se agradece bastante. O al menos así es como yo lo veo y como yo comparto contenido. También opino que esa actitud es lo que me permite seguir disfrutando de las redes sin quemarme ni agotarme. Hago lo que he hecho siempre, subo lo que me gusta, lo que me apetece. Hoy es un vídeo participando en una media maratón; mañana es una foto de mi hijo y de mi perro; pasado, mi rutina favorita de pesas.

No le doy muchas vueltas ni me vuelvo loca buscando el ángulo perfecto en el que se me vea todo lo bueno y oculte todo lo malo. La edad me ha enseñado que esas cosas no le importan a nadie. Prefiero subir de forma natural, como una actividad más de mi día a día, no quiero cambiar las cosas que hago ni cómo las hago para crear contenido en redes que atraiga a más seguidores o que genere más interacciones; ese no ha sido nunca mi objetivo. No me molesto en parecer perfecta, porque no lo soy ni tengo ninguna intención de serlo. Ya he pasado por esa etapa de mi vida en la que me obsesionaba mi aspecto y cómo me percibían los demás, y no tengo ninguna gana de volver a ser esa persona. Ahora estoy a otras cosas, a lo realmente importante, a disfrutar de mi vida con mi hijo, mi perro y el resto de mi familia y amigos. Vivo como yo quiero, a mi ritmo, haciendo las cosas cuando creo que es el momento adecuado para mí, no cuando la sociedad dice que debo hacerlas. Comparto en redes lo que me apetece, y lo que no, lo dejo para mi vida privada. Además, si algo he aprendido en redes es que te van a criticar hagas lo que hagas; por lo tanto, lo importante es que te mantengas fiel a ti misma.

No me molesto en parecer perfecta, porque no lo soy ni tengo ninguna intención de serlo.

Esta perspectiva que tengo sobre las redes sociales se debe en gran medida a que no son mi trabajo. No me dedico a subir posts ni a hacer colaboraciones con marcas; para mí, las redes son un *hobby* que funciona muy bien, pero nada más. Por eso, es más fácil para mí tomármelas con más calma; si mi vida dependiera de subir contenido, seguramente mi actitud sería otra. Esto no lo digo como una crítica a todas esas personas que sí se dedican a esto, ni muchísimo menos. Es simplemente que mi situación es distinta y eso afecta a la visión que tengo de las redes sociales.

Al final, yo soy policía, ese es mi trabajo y mi vocación, y lo va a seguir siendo hasta que me jubile. Disfruto mucho de mi trabajo, siempre lo he hecho, y es lo que me proporciona estabilidad económica. No lo cambiaría por nada del mundo y no se me ocurre ningún otro trabajo que pudiera disfrutar más o que me llenara tanto como este. La idea de dedicarme a tiempo completo a las redes sociales es algo que no me atrae nada. Simplemente no soy ese tipo de persona, no como una crítica, sino como un dato objetivo. Da la casualidad de que ser policía y trabajar de noche me permite organizar mi vida como quiero. Me da tiempo para ser mamá, entrenar y compartir contenido en redes sociales, que para mí es un *hobby* que apareció en mi vida casi por accidente y que he ido disfrutando cada vez más con el paso de los años. Para mí ser policía es el trabajo perfecto. Además, no nos vamos a engañar: me llena de orgullo pensar que Leo el día de mañana pueda decir que su mamá es policía. Aunque seguramente llegará el momento en el que tenga que explicarle que su mamá también es famosa por el simple y maravilloso hecho de tenerlo.

Mis aventuras como madre soltera

Cuando le digo a la gente que soy madre soltera, las reacciones que recibo van desde la sorpresa a la preocupación, algunos incluso expresan algo parecido a la admiración. También suelo recibir muchos comentarios del tipo: «Qué valiente eres», «Yo nunca podría», «Somos mi marido y yo y no damos abasto, no sé cómo lo consigues tú». Estoy segura de que no soy la única madre soltera que escucha cosas parecidas, puede que incluso tú que estás leyendo esto hayas pensado o dicho algo similar a alguna amiga o conocida. Tampoco quiero que me malinterpretes, porque a mí estos comentarios no me molestan; a veces, hasta me hacen gracia, pero creo que están un poco desencaminados; principalmente, porque se basan en una serie de suposiciones que no tienen por qué ser ciertas. Todos tenemos este concepto en mente de que la maternidad es algo precioso, pero también muy duro y lleno de sacrificios; algo que cambia por completo tu forma de ver y vivir la vida, que te convierte en una persona totalmente distinta.

Pero, sobre todo, la maternidad (o la paternidad) es algo que entendemos que hay que hacer en pareja, y no por temas biológicos, sino por esa idea de que es un cambio enorme con un montón de cosas nuevas que no tenemos por qué saber cómo resolver a la primera; y creemos que eso es algo que se gestiona en pareja.

Supongo que la mayoría de la gente asume que la que es madre soltera lo es porque ha sucedido algo que le ha impedido ser madre de la forma más convencional, con una pareja. Algo trágico ha tenido que suceder para que una mujer decida empezar este camino sola, sin otra persona que la apoye en esta nueva aventura. Estoy segura de que en muchos casos esa es exactamente la situación. Todos hemos escuchado historias parecidas de amigas o conocidas que empezaron siendo madres acompañadas y han tenido que continuar solas. Sin embargo, creo que es un error asumir que esta situación es común para todas las madres solteras. Por muy sacrificada y complicada que sea la maternidad en solitario, que lo es, eso te lo aseguro, hay mil motivos por los que una mujer puede tomar una decisión así, y, afortunadamente, la ciencia ha avanzado lo necesario para que la opción sea mucho más accesible. Creo que, a estas alturas de la vida, no debería parecer una idea tan descabellada que una mujer decida ser madre soltera por motivos que nada tienen que ver con la necesidad o la desesperación. Y ese es mi caso.

Afortunadamente, ser madre soltera se está convirtiendo poco a poco en una opción viable para muchas mujeres.

Yo decidí ser madre soltera

Para mí ser madre soltera siempre ha sido una forma más de ser madre, no un último recurso, ni la única opción posible, simplemente una alternativa más que se me presentó en el curso de mi vida. Emprender esta aventura sola es la opción que yo elegí porque creía genuinamente que para mí era el método que mejor iba a funcionar. Y me alegra decir que no me equivoqué. Sin embargo, parece que como sociedad este es un concepto que aún nos cuesta entender. Aún resulta chocante, a veces hasta impensable, que una mujer decida ser madre soltera porque eso es lo que quiere de verdad, no como consecuencia de una situación desagradable o porque es la última opción que le queda para poder ser madre. Yo lo entiendo, de verdad que sí, entiendo perfectamente que para la mayoría de las personas mi situación sea una que se aleja mucho de ser la ideal. Pero esto es algo a lo que le he dado muchas vueltas, sobre todo estos últimos meses, y la conclusión a la que he llegado es que, para mí, ser madre soltera ha sido mi opción A desde hace muchos años, aunque me negaba a admitirlo. Para que veas que la presión social nos afecta a todas, no importa la edad que tengas.

La primera vez que esa posibilidad se cruzó por mi cabeza tenía treinta y cuatro años. Como recordarás, acababa de salir de mi primera relación seria y estaba en un momento vital bastante delicado. Aunque desde fuera parecía que ese era el momento ideal para ser madre —tenía una edad «adecuada», estabilidad económica y una casa en propiedad—, emocionalmente me encontraba bastante mal. Mi mundo entero se había puesto patas arriba de un día para otro y me estaba costando mucho salir a flote. Sabía que antes de traer una nueva vida al mundo, tenía que asegurarme de que estaba en condiciones para hacerlo lo mejor posible, por lo que sabía que ese no era el momento ideal para mí. Sin embargo, yo ya tenía esa sensación de que quizá la mejor forma de ser madre para mí no era la que yo siempre había tenido en mente, tal vez la maternidad era algo que yo debía hacer en solitario. Fue entonces cuando decidí congelar óvulos, por lo que pudiera pasar, y lo hice con la idea de esperar unos tres o cuatro años, que es el tiempo que me di a mí misma para encontrarme mejor antes de dar el paso definitivo y adentrarme en la maternidad. Pero esos cuatro años se convirtieron en quince y la fecha límite se acercaba. Si has llegado hasta aquí sabrás por qué tardé tanto en decidir ser madre de una vez por todas. Viéndolo en perspectiva, todavía me resistía un poco a la idea, creo que mantenía aún la esperanza de que la forma convencional de ser madre también me funcionaría a mí. Pero solo me estaba engañando a mí misma. Lo supe con treinta y cuatro años igual que con cuarenta y nueve: la maternidad era algo que yo tenía que hacer sola.

Cuando congelé mis óvulos, pensé que en tres o cuatro años daría el paso definitivo de ser madre, pero las cosas no salieron como las tenía planificadas.

Ahora que soy madre, mi opinión no ha cambiado lo más mínimo. Cada día que pasa soy más y más consciente de que esta es la opción que más se ajusta al tipo de persona que soy, a mi estilo de vida y a cómo quiero que sea mi futuro. Puede que sea difícil de creer, y lo entiendo. La sociedad nos impone con tantas ganas ciertos papeles y ciertas formas de hacer las cosas que la simple idea de salirnos de eso que entendemos como el camino ideal nos deja totalmente descolocados. Pero yo estoy tan contenta con mi vida y con cómo se han ido desarrollando los acontecimientos alrededor de mi maternidad, que me cuesta mucho creer que podría ser más feliz si esto lo hubiera hecho en pareja. Por eso, me resulta difícil ver todos esos puntos negativos que encuentra la gente cuando piensan en el hecho de ser madre soltera, porque yo solo le veo ventajas. Por supuesto que todo depende de la situación en la que se encuentre cada una, pero en la que estoy yo, me cuesta encontrarle una desventaja con el peso suficiente como para que me haga dudar de mi decisión. Con esto no quiero decir que ser madre soltera sea una opción fácil, porque no lo es. Nada que tenga que ver con la maternidad se puede considerar fácil, pero confirmo, sin ningún lugar a dudas, que era la forma ideal para que yo fuese madre.

Siempre he sido una persona muy independiente, y estoy muy acostumbrada a gestionar yo sola mi vida. Entiendo que la palabra «sola» haga saltar las alarmas a muchas personas, porque al final es algo que entendemos como malo; «sola» es algo que nadie quiere estar en la vida. Creo, sin embargo, que hay muchos que se equivocan. Para mí «estar sola» es sinónimo de libertad, de independencia, la oportunidad de hacer las cosas como yo quiero. Por supuesto que me gusta estar con mi familia y con mis amigos, pero hacer ciertas cosas sola no es algo que me asuste ni que me suponga un reto, es algo que me sale natural y que me aporta mucha comodidad. Entiendo que esta forma de ver las cosas no la compartan muchas personas, pero esa es mi realidad. Supongo que ese es el motivo principal por el que ser madre soltera no se me hacía un concepto inabarcable. Desde mi perspectiva, ser madre soltera me permite hacer las cosas a mi ritmo, según mis tiempos y criterio. Eso significa que todas las decisiones que hay que tomar sobre la crianza de un niño, desde las más importantes hasta las más insignificantes, son responsabilidad mía. Supongo que esto puede ser un problema para mucha gente, una responsabilidad muy grande para una sola persona, pero a mí me da la oportunidad de poder tomar todas las decisiones, teniendo en cuenta mi opinión y el bienestar de mi hijo, sin necesitar ponerme de acuerdo con nadie más. También me permite organizarme como a mí me venga mejor, algo que me da muchísima libertad. Como soy policía y trabajo el turno de noche, mis horarios son bastante distintos a los de la mayoría de la gente y, por muy sorprendente que parezca, he sido capaz de adaptar la crianza de mi hijo a esos horarios tan peculiares, de la manera que te expondré más adelante; algo que podría no ser posible si además precisara tener en cuenta los horarios de una hipotética pareja. Cuando llego de trabajar, después de toda la noche patrullando, me acurruco en la cama con mi hijo, duermo con él hasta que se despierta y tengo la oportunidad de acompañarle mientras empieza su día. Es uno de mis momentos favoritos. Después, muchas mañanas, tengo mi segundo trabajo como entrenadora.

Algo que también me ha marcado mucho, y que me impulsó en su momento a tomar la decisión de ser madre soltera, son las historias que me contaban mis amigas. Una de las cosas buenas que tiene ser madre más tarde es que tus amigas ya lo han hecho antes, y tienes una base cercana que te permite hacerte una idea sobre cómo será la experiencia; aunque luego cada madre vive la maternidad a su modo, por supuesto. Escuchando sus historias, he sido testigo, como otras mujeres, de cómo muchas madres, aun teniendo pareja, son, a efectos prácticos, madres solteras. Las madres de mi generación eran las que se encargaban de la mayoría de las tareas que implican la crianza de un hijo, además, por supuesto, de encargarse de todas las tareas de la casa y, en muchos casos, combinan todo con un trabajo a tiempo completo. Mientras tanto, los padres, en el mejor de los casos, ocupaban un puesto de apoyo. A lo largo de los años, vi cómo los maridos de mis amigas no participaban activamente ni en la crianza de sus hijos ni en el cuidado de la casa, simplemente «ayudaban». Obviamente, este no era el caso de todas las madres, ni mucho menos, pero la sensación general era esa. Es por eso que, a mí, lo de ser madre soltera no era algo que se me hiciera muy lejano. Yo lo veía como algo inevitable, con o sin pareja. Mi razonamiento era que, para tener que encargarme yo de todo, mejor lo hacía sola, así no corría el peligro de tener que ocuparme también de mi pareja, como han debido hacer muchas madres.

Ser madre soltera me permite hacer las cosas a mi ritmo, según mis tiempos y mi criterio.

Afortunadamente, también he sido testigo de un cambio enorme entre mi generación y las que han venido después. Las cosas han cambiado mucho y, aunque luego cada pareja es un mundo, la situación está bastante más equilibrada, las tareas están mejor repartidas, la implicación es más similar y es más complicado ver situaciones como las que se vivían antes. Los padres están mucho más implicados en la crianza de sus hijos y no porque les obliguen sus parejas, sino porque de verdad quieren formar parte del proceso. Cuando salgo por mi barrio veo a muchos padres con sus hijos de la mano o empujando un carrito, o llevando a sus hijos en brazos. Me alegra mucho saber que, al menos en ese sentido, sí hemos avanzado como sociedad. Sin embargo, mi generación es la que es y había visto muchas cosas que me afianzaban en la idea de que yo quería ser madre soltera.

Aun así, esto no quiere decir que tuviese el concepto idealizado. Sabía que una madre soltera se tiene que encargar de todo ella sola y, aunque en principio para mí eso no supone un problema, era consciente de que se me presentarían múltiples ocasiones en las que las cosas no serían tan sencillas. Por muchos amigos o familiares que tuviese, solo podría recurrir a ellos en momentos puntuales, para pedir consejo o para sacarme del apuro en un momento concreto; no iban a estar ahí como un apoyo permanente, como lo estaría una pareja. Si había un problema lo tendría que gestionar yo sola, si surgía cualquier imprevisto o accidente, la solución también la tendría que encontrar yo sola. Además, ser madre soltera también implica un desgaste económico que tienes que soportar sin la ayuda de nadie, y este es, evidentemente, uno de los temas más sonados en cuanto se habla de ser madre soltera, porque, seamos sinceros, tener un hijo es de todo menos barato. Si ya supone un esfuerzo considerable para dos personas, para una sola puede resultar muy complicado. Sin embargo, creo que mi situación es bastante distinta a la de la mayoría de las madres solteras por el simple hecho de que soy más mayor. Llevo veintitrés años siendo policía, tengo un coche, una casa casi pagada y me quedan nueve años para jubilarme, podría decirse que tengo la vida prácticamente resuelta. El dinero no me sobra, ni mucho menos, pero tampoco me falta, y estoy en un punto en mi vida en el que sé que ya no me va a faltar. Esto es algo que puedo decir ahora con cincuenta años, pero que no podía decir lo mismo hace veinte. La comodidad y la tranquilidad que tengo respecto al dinero es una ayuda inmensa a la hora de criar a mi hijo, porque es una cuestión menos en la que preocuparme.

Es por este motivo, y por muchos otros, por lo que no me siento especialmente cómoda cuando la gente me dice que soy muy valiente por ser madre soltera. No voy a hacerme la humilde y decir que no soy valiente, porque es mentira: ser madre soltera con cincuenta años, incluso en una situación tan favorable como la mía, implica ser muy valiente. Pero, para mí, valientes son esas madres que siguen adelante aun cuando tienen una situación familiar complicada, o una pareja que es de todo menos un apoyo, o una situación económica vulnerable. Valientes son las madres a las que la maternidad les pilla por sorpresa, y tienen que reajustar su vida entera en cuestión de semanas. Y, sobre todo, valientes son esas madres cuyos hijos tienen una enfermedad complicada, y aun así ponen una sonrisa incluso en los días más grises.

Para ser madre hay que ser muy valiente, y yo también lo soy, pero no por eso soy menos consciente de que tengo una posición privilegiada.

El nacimiento de Leo

Mis aventuras como madre soltera empezaron cuando se iban a cumplir los nueve meses de embarazo. Estaba peligrosamente cerca de la semana cuarenta cuando mi médico dijo que deberíamos empezar a valorar provocarme el parto, y que me hiciera a la idea de que era muy posible que tuviéramos que recurrir a la cesárea. Por mi edad, me explicó, me costaría mucho más dilatar, porque al final mi cuerpo tiene los años que tiene y llega un punto en el que las cosas no funcionan igual que si tuviera veinte años menos. Sabía que muchas mamás podían aguantar hasta la semana cuarenta y uno o incluso cuarenta y dos y tener un parto natural sin que se lo provoquen, pero eso suele pasar en mamás más jóvenes, con un cuerpo distinto al mío. La idea de que me provocaran el parto no me perturbaba en absoluto, confiaba plenamente en mi médico y, si esa era la opción más segura, no iba a dudar en cogerla. Sin embargo, era la idea de la cesárea lo que más me asustaba. No tanto por el procedimiento en sí, sino más bien por lo que venía después, con la recuperación.

La cesárea es una intervención quirúrgica muy común, pero eso no lo hace menos compleja. Sabía que la recuperación iba a ser larga y tediosa. Al final, tienen que cortar muchas capas de tejido para poder acceder al bebé y sacarlo de forma segura. Pero a mí lo que más me preocupaba era que yo iba a tener que recuperarme sola mientras cuidaba de un recién nacido, también yo sola. Siempre he sido una persona muy independiente, rara vez he tenido que recurrir a otros para que me saquen las castañas del fuego. Sin embargo, también sé pedir ayuda cuando lo necesito, no me cuesta aceptar que hay cosas que no puedo hacer sola, porque sé que eso no me hace menos fuerte, solo más inteligente. Pero esta situación era completamente distinta, y me daba bastante miedo. Era perfectamente consciente de que no era algo para lo que pudiera recurrir a mi círculo cercano: mi madre es una mujer mayor y no está para cuidar de mí, mi padre vive lejos, y mi hermano tiene su vida, con una familia a la que cuidar. Esto era algo que me iba a tocar gestionar por mi cuenta.

Mi miedo no se basaba en la duda, en si podría superarlo o no, en si sería capaz de hacerle frente a la situación, eso jamás me ha preocupado, ya que confío en mis capacidades. El problema era que sabía el sufrimiento que eso conllevaba, que una cesárea supondría tres largos meses de recuperación con un recién nacido en brazos. No me avergüenza admitir que era una situación que trataba de evitar con todas mis fuerzas. Pero tampoco quería dejar que el miedo me abrumara y me hiciera tomar decisiones de las que luego me arrepentiría. Por eso, lo dejé todo en manos de los profesionales. Le expresé mis miedos a mi médico, le comenté mi situación y que no quería enfrentarme a todas esas semanas de dolor, cuidando sola de mi hijo y sin poder hacer ningún tipo de ejercicio, algo muy importante para mí, porque me mantiene sana física y mentalmente. El médico me dijo que lo entendía y me propuso un plan de acción: programaríamos el parto para la semana cuarenta y me daría dos días de plazo, dos días en los que yo estaría con oxitocina a ver si Leo podía nacer de forma natural; si eso no funcionaba, iríamos a quirófano. Me aclaró que fijar una fecha para programar el parto no significaba que dejáramos de intentarlo; era simplemente una forma de asegurarnos de que todo iba a salir bien, pasara lo que pasase.

Pedir ayuda cuando la necesitas no te hace menos fuerte, te hace más inteligente.

Llegó el día y Leo no había nacido, así que me fui al hospital para el ingreso. Era jueves por la mañana y estuve desde el principio enchufada a la oxitocina. Cada media hora más o menos venían las matronas a ver qué tal estaba, pero el veredicto era siempre el mismo: no dilataba nada. Yo estaba sola en el hospital y el día se me hizo eterno. Intentaba estar lo más tranquila posible, porque sabía que los nervios y el agobio no iban a ayudar nada; más bien, lo contrario. Pero era una situación complicada y aunque las matronas, y todo el equipo médico en general, se portaron genial conmigo, eso no quitaba que yo estuviera sola la mayor parte del tiempo. Sabía que mi maternidad iba a ser así, Leo y yo contra el mundo. Me veía perfectamente capaz de hacerle frente, pero eso no lo hacía más sencillo. Cuando llegó la noche, me dijeron que me iban a quitar la oxitocina para que descansara. Querían que al menos pudiera dormir bien esa noche, porque pasara lo que pasase, al día siguiente Leo iba a estar conmigo. Lo intentaríamos otra vez por la mañana, pero si seguíamos en la misma situación, sin dilatar prácticamente nada, tendríamos que recurrir a la cesárea.

Pasó la noche y llegó el mediodía del viernes. Yo seguía sin dilatar. La oxitocina me provocaba contracciones todo el rato, pero ni dilataba ni rompía la bolsa. Empezaba a estar bastante cansada e incómoda, solo quería que esto terminara de una vez por todas y poder abrazar por fin a mi hijo. Para la cantidad de oxitocina que me habían metido, la bolsa tenía que estar ya más que rota. Sin embargo, cada vez que entraba una enfermera me decía lo mismo, que nada de nada, y yo veía la cesárea más y más cerca. Llegó un momento en el que la enfermera me dijo que era ahora o nunca, así que procedió a romperme la bolsa, un último intento para que el parto fuera natural. Quedó toda la cama encharcada, como si me hubieran tirado una palangana llena de agua encima. Confieso que no me esperaba que saliera tanto líquido, pero descubrí que la expresión «romper aguas» es más que acertada. Que me rompiera la bolsa me dolió muchísimo, mucho más de lo que imaginaba, fue como recibir una puñalada en la tripa. La enfermera salió de la habitación y yo me tuve que poner en pie porque no soportaba el dolor. Me incorporé yo sola como pude y me apoyé en la cama sin dejar de mirar la pantallita donde controlaban la frecuencia cardiaca de Leo. Intenté respirar y relajarme, llevar mi mente a otro lugar lejos del dolor que sentía. Me decía a mí misma que ya quedaba poco, que cada segundo que pasaba me acercaba más a tener a mi hijo en brazos.

De repente, entre pinchazos de dolor, escuché un pitidito. La frecuencia cardiaca de Leo empezó a bajar de golpe. Yo sabía que algo malo estaba pasando y tenía que actuar. En la habitación tenía el botón para avisar, pero en el momento ni me acordé. Sin pensarlo dos veces, comencé a gritar. No tengo muy claros los recuerdos de ese momento, solo sé que pedí ayuda a gritos y que en un abrir y cerrar de ojos estaba rodeada de gente. Creo que intenté explicarles lo que pasaba, que la frecuencia cardiaca de mi hijo estaba bajando demasiado, no lo recuerdo bien. Cuando me quise dar cuenta, me habían tumbado en la camilla y me estaban sacando de la habitación. Supongo que fue un momento muy de película, con un montón de médicos corriendo agarrados a mi camilla para llevarme a quirófano. Apenas era consciente de lo que estaba pasando, entre el pánico, el dolor y las voces que sonaban a mi alrededor, no podía ni pensar. En mi mente, solo estaba mi hijo y el miedo a que algo saliera mal. Me dijeron que me tenían que dormir, que tenían que operarme enseguida. Yo no podía pensar con claridad, pero no quería que me sedaran sin saber lo que pasaba ni lo que podría pasar. Les pedí por favor que no me durmieran, que estaba yo sola, que tenía que estar despierta para saber lo que pasaba. Tengo un vago recuerdo de cómo alguien me decía: «Te tenemos que dormir, Susana». A partir de ahí, lo único que recuerdo es que me pusieron la mascarilla y me quedé dormida con el nombre de mi hijo en los labios.

Sabía que mi maternidad iba a ser así: Leo y yo contra el mundo, y aunque me veía perfectamente capaz de hacerle frente, eso no lo hacía más sencillo.

Cuando recuperé el conocimiento, descubrí que no estaba sola. Había una matrona sentada a mi lado, sujetándome la mano. Poco a poco fui enfocando la vista y despertando del todo. La matrona, al ver que yo estaba despierta, se me acercó un poco más y me enseñó la pantalla de un móvil. Yo al principio no sabía lo que veía, hasta que la mujer me dijo: «Mira, es Leo, es tu hijo. Todo ha salido bien». Yo no me lo creía, estaba todavía medio dormida y no me di ni cuenta de que había roto a llorar. La matrona me dijo que le daba mucha pena que no pudiera ver la carita de mi hijo y, como sabía que no me lo podían traer hasta que se me hubiera pasado la anestesia, le hizo una foto para enseñármela y que me quedara tranquila, porque sabía que estaba yo sola. Entonces, todavía no me había hecho a la idea de que mi hijo ya había venido al mundo. Supongo que, entre el cansancio del ingreso, el pánico que sentí antes de que me durmieran, y la anestesia mi cerebro no estaba totalmente recuperado. Fueron unos momentos muy difíciles y, cada vez que los recuerdo, no puedo evitar emocionarme.

Normalmente, cuando hacen una cesárea, la anestesia no es general, por lo que la mamá puede ver nacer a su bebé. Pero mi cesárea fue bastante distinta. Lo que pasó fue que Leo entró en bradicardia, su pulso bajó de golpe sin previo aviso, por lo que, para evitar riesgos y poder actuar con rapidez, tuvieron que dormirme entera y operarme de urgencia. La cesárea salió bien y mi hijo nació perfectamente sano. La bradicardia que sufrió no ha afectado de ninguna manera la salud de mi hijo. No quiero ni pensar en lo que habría pasado si el equipo médico no hubiera actuado tan rápido como lo hizo: desde que me di cuenta de que el pulso de Leo descendía hasta que me durmieron no debieron pasar más de un par de minutos. En aquel momento, sentí mucho miedo y no pude evitar pensar que había gastado toda mi suerte. Me quedé embarazada al primer intento, mi embarazo fue un paseo, sin problemas de ningún tipo, había tenido tanta suerte que, por un instante, pensé que me había quedado sin ella. Es indescriptible el alivio que sentí, aún medio dormida, cuando vi la foto de mi hijo y me enteré de que todo había salido bien.

Me subieron a la habitación casi al mismo tiempo que llegaron las enfermeras con mi hijo, mi Leo. Yo no había podido verle nacer, así que cuando se abrió la puerta y vi a la matrona con el bebé en brazos no me lo podía creer. Incluso entonces, después de todo lo que había pasado, no me podía creer que hubiera llegado por fin este momento. Yo me decía a mí misma: «Por fin, por fin está aquí, esto no es un sueño, Susana, es tu hijo, y está aquí, sano, contigo». Me pusieron a Leo encima, lo que llaman el «piel con piel», y yo pensaba que estaba alucinando, era una sensación increíble. Las enfermeras me dieron instrucciones para que Leo se pudiera enganchar al pecho, pero apenas tuve que hacer nada, él solito lo hizo todo. Hasta en esto tuve suerte, porque soy consciente de que en otros casos el proceso es mucho más complicado. Normalmente, el «piel con piel» suele ser de unas dos horas; en mi caso, Leo estuvo conmigo toda la noche, hasta las once de la mañana del día siguiente. Mi hijo estaba muy tranquilo, dormía y comía, no lloraba nada. Me quedé toda la noche despierta, mirando a mi hijo, comprobando que respiraba, que estaba bien. El niño seguía sin llorar, yo llegué a pensar que estaba haciendo algo mal, que no era normal que un recién nacido no llorara nada; ahora con el tiempo sé que mi hijo es así, muy tranquilo.

Mis primeros días como madre soltera

Después de pasar varios días en el hospital, deseaba llegar a casa con mi hijo y mi perro. Estaba dolorida, exhausta, pero con muchas ganas de empezar por fin esta nueva etapa de mi vida, que llevaba tanto tiempo deseando. Las primeras semanas con un niño recién nacido son bastante complicadas, sobre todo para una madre primeriza. Hay una serie de cosas que sabes por instinto y por sentido común, pero luego hay tantas otras que desconoces, que puede llegar a ser abrumador. Y si a eso le juntas el cansancio y el dolor de la recuperación, te sale un cóctel de noches en vela, dolor constante y la sensación de que te mueves de forma automática, como en un trance del que no puedes despertar. Cuidar de un recién nacido es un proceso constante de adaptación y descubrimiento en el que tienes que ir conociendo poco a poco a tu bebé mientras aprendes a ser madre, dos cosas nada fáciles, sobre todo si tienes que enfrentarte a ellas a la vez. Tuve que aprender a darle de comer, a cambiarle, a vestirle, a dormirle, a identificar qué quiere en cada momento; no fue nada fácil. Además, yo que soy una persona muy limpia y ordenada, tuve que hacer una lista mental de prioridades y dejar esas manías mías al final de la lista. Esas primeras semanas, mi casa era un verdadero caos.

Todo eso se juntaba con la recuperación después de la cesárea, que fue tan terrible como esperaba, incluso peor. En general, las recomendaciones que recibimos las mamás que hemos dado a luz por cesárea consisten básicamente en descansar, no coger peso ni hacer movimientos bruscos, limpiar con cuidado la cicatriz para evitar infecciones e hidratarla bien. Por supuesto, yo no estaba en una situación en la que mi descanso y mi cuidado fuesen mi prioridad principal. Yo sabía que eso era importante y fui muy cuidadosa, pero no podía descansar tanto como me hubiera gustado ni tener todo el cuidado que me recomendaron. Me encontré a mí misma en la situación que yo había intentado evitar desde el principio: recuperándome de la cesárea mientras me adentraba por primera vez en la maternidad. Sabía que había sido inevitable y que era lo mejor para que mi hijo y yo pudiéramos estar juntos por fin, por lo que no me quedaba otra que enfrentarme a esta situación como siempre he hecho: sin dudar de mis capacidades y recordándome a mí misma que esto era algo temporal, que llegaría el día en el que el dolor cesaría, en el que sabría al instante lo que necesitaba mi hijo y todo estaría mucho más calmado. Hasta entonces, no quedaba otra que seguir adelante e intentar disfrutar al máximo de esta experiencia que no se iba a repetir nunca.

Las primeras semanas con un recién nacido son muy caóticas: estás constantemente aprendiendo y adaptándote, pero intenta también disfrutar al máximo de esos días porque no vuelven.

Aún recuerdo esos momentos en los que me colocaba frente al espejo para curarme la herida con una mano mientras sujetaba a mi hijo con la otra. O esos otros en los que no me quedaba otra que salir de casa y me tenía que llevar a mi hijo en el carrito y a Tom, mi pobre Tom, el perro más bueno del mundo. Esas primeras semanas, los tres tuvimos que aprender a vivir de nuevo, adaptándonos a esa nueva realidad con un miembro más en la familia. El pobre Tom vio sus horarios totalmente desbaratados ese primer mes y medio. Afortunadamente, mientras yo estaba ingresada en el hospital dando a luz, Tom estuvo en casa de mi madre y cogimos a una persona para que le sacara a pasear. Pero cuando estuve de vuelta, el trabajo recaía solo en mí. Manejar el carrito del bebé, el perro y tener cuidado con mi herida no era nada fácil. Aún recuerdo lo doloroso que era meter las bolsas y el carro del bebé en el coche cada vez que tenía que ir a hacer la compra. Estaba yo sola, sabía que en esto iba a estarlo siempre; pero también creía que podía con ello, aunque eso no lo hacía más sencillo.

Todo esto se juntó con un problema enorme que yo no esperaba para nada. Al enterarme de que estaba embarazada, me tomé un tiempo para pensar en cómo podría hacer que mi maternidad en solitario fuera un poquito más sencilla. Yo vivía en Madrid, mientras que mi familia, mi círculo cercano, estaba en Alicante. Por lo que empecé a valorar la posibilidad de dejar la capital para estar más cerca de mis seres queridos, ya no solo por la ayuda esporádica que pudieran ofrecerme, sino para que mi hijo se pudiera criar rodeado de su familia. Surgió una oportunidad en el trabajo: un policía de Alicante quería mudarse a Madrid, por lo que podríamos solicitar un intercambio de puestos que nos beneficiaba inmensamente a los dos. Hecha la solicitud y con toda la documentación aceptada, empecé el proceso de la mudanza para mover toda mi vida a Alicante.

Me puse a buscar casa cuanto antes, porque lo último que quería era tener que gestionar una mudanza en los últimos meses de embarazo. No es nada sencillo buscar casa en una ciudad mientras estás viviendo y trabajando en otra, pero no me quedaba más remedio. Sabía que lo mejor para Leo, y para mí, era estar más cerca de mi familia, así que cualquier sacrificio que tuviera que hacer entonces se vería compensado más adelante. Tras mucho buscar, por fin encontré una casa que se ajustaba a mis necesidades. Solo entonces, inicié el proceso de vender mi casa de Madrid.

Después del papeleo y de los viajes entre Alicante y Madrid, por fin comencé la mudanza, que fue otro proceso muy complejo. Mover toda mi vida de vuelta a Alicante, dejar la ciudad en la que había vivido tantísimos años, mi trabajo, mis amigos, mi barrio, la verdad es que no fue nada fácil. Pero, de nuevo, en mi cabeza solo estaba el bienestar de mi hijo. Por eso, estaba decidida a hacer lo que hiciera falta, incluso si eso significaba mudarme de ciudad estando embarazada. Por fin, me mudé a Alicante: el último tramo de mi embarazo, el nacimiento de Leo y sus primeros meses de vida los viví cerca de mi familia. Todo parecía ir sobre ruedas. Hasta que un día recibí una noticia bastante desagradable: me habían rechazado la permuta.

Creo que no hace falta que explique el agobio que se me vino encima de repente; otra aventura más de madre soltera cuando menos me lo esperaba. Yo acababa de dar a luz y había trasladado mi vida entera a otra ciudad; para acabar enterándome de que todo había sido en vano y que, en cuanto acabara mi baja de maternidad, tenía que estar de vuelta en mi puesto en Madrid. Estaba que me subía por las paredes. ¿Qué iba a hacer? ¿Cómo iba a resolver esta situación? Era un problema gordísimo, muy difícil de gestionar en cualquier momento de la vida, pero si a eso le sumas que yo tenía a un recién nacido en brazos... No sabía muy bien qué hacer ni cómo proceder, entre el cansancio, el dolor y el agobio me sentía a punto de colapsar. Fue entonces cuando Leo tuvo su primera revisión con su médico de cabecera. Recuerdo que el hombre me preguntó que qué tal estaba y yo, que tenía la cabeza a punto de explotar. Le solté la historia de mi vida en un momento. Que si era madre soltera; que si soy policía; todo el lío del traslado, que me acababa de comprar una casa en

Alicante, solo para tener que venderla y comprarme de nuevo otra en Madrid. El médico me miraba atónito, mientras yo le soltaba mi monólogo. Cuando terminé de hablar, me dijo: «Vale, lo primero, tranquila. Soluciona tu vida, arregla tus cosas. Los niveles de estrés y ansiedad que tienes ahora mismo en un momento tan delicado como es el posparto no son sanos. Tú ahora vete a cuidar de tu hijo, a cuidar de ti misma, vende tu casa de aquí, y compra otra en Madrid. En un mes hablamos a ver qué tal va todo. Pero tú estate tranquila, que ahora mismo te hago una baja por estrés y ansiedad».

A pesar de los altos niveles de estrés que tenía, supe que tenía que reducirlos para estar bien por mí y por Leo.

Tener el apoyo y la confianza del médico de Leo me alivió un montón. No me dijo nada que no supiera, ni me propuso una estrategia milagrosa, simplemente me dijo lo que necesitaba oír, e hizo lo que estaba en su mano para facilitarme el proceso, que al final era lo que mejor me iba a venir. A partir de ahí, se sucedieron un par de meses en los que yo invertía el poco tiempo libre que tenía en pensar cómo rehacer mi vida en Madrid. Tenía que pensar qué tipo de casa quería, dónde comprarla y, lo más difícil de todo, ver pisos estando con un recién nacido en brazos. Volvía periódicamente a la revisión del médico y solo podía decirle lo mismo, que nada, que aún no había podido vender la casa, ni había encontrado otra en Madrid. Él siempre me respondía que estuviera tranquila, que no pasaba nada, que seguro que para la próxima revisión había mejores noticias. Un día, hasta me llevé a mi madre y a Leo en un viaje exprés a Madrid para ver pisos como locas. Y, por fin, después de semanas de agobio, conseguí encontrar un piso que me gustó en Madrid, y vendí mi casa de Alicante. Informé al médico de que ya estaba todo solucionado y me instalé unos días en casa de mi madre mientras me daban la casa nueva.

Cada vez que pienso en esa época, tengo la sensación de que lo aluciné todo. No sé cómo fui capaz de gestionar tantas cosas a la vez. Incluso mi madre me lo decía, que no sabía cómo podía estar tan relativamente tranquila. No sé si estaba tranquila o no, solo sé que tenía un objetivo en mente y que tenía que solucionarlo. No merecía la pena recrearme en el agobio y en lo terrible que era mi situación; más que nada, porque no tenía tiempo ni para eso; además, sabía que una actitud así solo serviría para retrasarme más y hacerlo todo más complicado. Me centré en lo que podía controlar, en conocer a mi hijo, en cuidar de mí y de mi perro; lo demás, ya llegaría. Por supuesto, esto no quiere decir que no tuviese momentos en los que pensaba que no lo iba a conseguir. Más de una vez me vi a mí misma volviendo a Madrid para trabajar con mi hijo y mi perro en el coche sin tener dónde quedarme. Es normal tener momentos así; lo importante es ser capaz de salir de ese bucle mental y poder seguir adelante. Catorce meses después de cogerme la baja por maternidad, volví a trabajar, con mi hijo, mi casa nueva y mi perro; lista para empezar la etapa más feliz de mi vida.

Cómo concibo la maternidad

Con la cantidad de información que tenemos hoy en día, cualquier pequeña duda que tengas sobre la crianza de tus hijos puede quedar resuelta en cuestión de segundos. Madres y padres tienen mil y una formas de enfocar el cuidado de los niños: libros, documentales, artículos e incluso páginas enteras en redes sociales, dedicadas exclusivamente a un método específico, te orientan sobre cómo educar a tus hijos desde pequeñitos; y eso es absolutamente fantástico. Durante los últimos meses de embarazo, cuando se acercaba la fecha del nacimiento de Leo, me puse a investigar, como imagino que harán la mayoría de madres y padres. Lo que me encontré fue justo eso, muchísima información de una enorme cantidad de fuentes. Cuanto más investigaba, más me daba cuenta de que lo que unos recomendaban como el método infalible para que tu hijo salga poco menos que un genio, otros aseguraban que así solo ibas a conseguir que tu hijo acabara traumatizado. Incluso el más mínimo gesto, comportamiento o preferencia se disecciona de maneras tan distintas y por tantos profesionales que llega un momento en el que sientes terror de dar un paso en falso y arruinar para siempre la vida de tu hijo.

Por supuesto, una vez que me calmé y me distancié de todos esos discursos tan agresivos, empecé a ver las cosas con un poco más de perspectiva. Decidir cómo vas a criar a tu hijo no es nada sencillo. Con tanta información como disponemos actualmente es muy complicado decidir de quién te vas a fiar, quién tiene razón y qué método escoger. Este es el aspecto negativo de esta saturación de información de hoy y, además, con las redes sociales parece que todo el mundo tiene no solo derecho a una opinión, sino la autoridad de decidir lo que está bien y lo que está mal de forma universal. Desde mi punto de vista, esto no puede ser más erróneo. Como en muchos otros aspectos de la vida, lo que funciona para una persona puede que no sirva para otra. Cada bebé tiene una situación particular, cada mamá o papá tiene una forma de ver la vida y una experiencia que afecta a la crianza de sus hijos; por eso, me parece que hablar de métodos universales e infalibles no es ni correcto ni apropiado, todo lo contrario, creo que es contraproducente. ¿Qué pasaría si me decantara por un método específico y a la hora de ponerlo en práctica con Leo no funcionara? ¿Significa eso que mi hijo está mal, que tiene un problema? ¿Es acaso culpa mía, que lo estoy haciendo fatal y soy una madre terrible? Pues no, claro que no. Tu hijo es único, igual que cada madre o padre son únicos, por lo que tienes que encontrar la manera de criar a tu hijo que se adapte mejor a vosotros; nada de dejarse guiar por lo que dice una persona cualquiera en redes, que se ha otorgado una autoridad no sabemos muy bien por qué.

Entonces, si estoy totalmente perdida y saturada de información, ¿qué hago? Lo primero que tienes que hacer es relajarte y usar el sentido común. Yo no soy una profesional de la salud, ni una experta en la crianza de un bebé, simplemente soy una madre soltera que está criando a su hijo como mejor puede. Lo que te voy a contar aquí no deberías tomártelo como una verdad absoluta; de hecho, mi intención es que quede muy claro en qué me he basado para tomar ciertas decisiones, para que así veas si eso que estoy haciendo te funcionaría a ti o si, quizá, deberías optar por una opción distinta. Como ya he dicho antes, no creo en los métodos infalibles ni en las técnicas milagrosas, y no me gusta nada ese discurso que tenemos últimamente en todos los círculos de padres y madres que nos hace obsesionarnos hasta con el más mínimo detalle de la crianza de un hijo. Esos comportamientos terminan con una sobreprotección a los niños, algo que me parece innecesario y que puede tener consecuencias negativas. No estoy muy de acuerdo con estos métodos ultramodernos para los que necesitas poco más que un doctorado para aplicarlos en el día a día de tu hijo, pero tampoco creo que debamos basarnos únicamente en cómo se hacían las cosas antes. Cada madre y padre debería encontrar un equilibrio entre estas formas modernas de hacer las cosas y combinarlas con cómo se han hecho siempre. Y me parece que, para encontrar ese equilibrio, lo que necesitas es sentido común.

Es normal sentirse abrumada con tantos métodos y tanta información, pero no debemos olvidar que lo más importante para criar bien a tu hijo es el sentido común.

A la hora de decidir cómo criar a tu hijo hay una serie de cosas que, desde mi punto de vista, deberíamos tener en cuenta, como una base sobre la que establecer nuestro método personal. Para mí, hay una serie de factores clave que influyeron en esta toma de decisiones. Por ejemplo, ¿qué tipo de persona quieres que sea tu hijo? ¿Qué es lo más importante para ti? Piensa en cómo te han criado tus padres, o en cosas que hayas visto a lo largo de tu vida que otros padres han hecho que te han gustado y que te gustaría replicar con tu hijo. O, todo lo contrario, ¿qué cosas han hecho contigo o has visto a otros hacer que jamás repetirías con tu hijo? Una vez que tengas esa base clara, puedes ir tomando decisiones poco a poco, viendo qué cosas encajan contigo y qué cosas crees que no funcionarían. En mi caso, desde el principio tuve muy clara cuál iba a ser mi base. Lo primero de todo quería que mi hijo fuera un niño sano, que comiera de todo, que fuera activo, quería enseñarle a llevar una vida sana para que así pueda vivir más y mejor. Una de las cosas más importantes para mí es que mi hijo sea buena persona, que aprenda la importancia que tiene el respeto, tanto a los mayores como a sus compañeros, y que sienta empatía por los demás. También quiero que mi hijo sea independiente, que sea capaz de valerse por sí mismo, que pueda tomar sus propias decisiones y hacérselas saber al resto sin miedo a lo que puedan decir.

Otra cosa que tenía bastante clara a la hora de prepararme para la llegada de Leo es que prefería no recurrir a un montón de aparatos ultramodernos que no sabía ni siquiera si iba a utilizar. Yo no soy de gastar un montón de dinero en cualquier cosa, por lo que no quería comprar nada que no supiera que iba a utilizar cien por cien. Prefería ir viendo qué necesidades tenía mi hijo antes de comprar nada, me aseguraría de tener lo básico y ya iríamos expandiendo si lo veía necesario. Y, por último, algo que también tenía clarísimo era el tema de las pantallas. Sé que esto quizá sea algo controvertido, pero es mi opinión. Antes de que naciera Leo, ya tenía claro que prefería optar por un tipo de estímulos más sanos que las pantallas; aspiraba a evitarlas en la medida de lo posible y que mi hijo se entretuviera de otra manera. Esto no quiere decir que vaya a estar prohibido encender la tele en mi casa o tener una tableta, sino que, a la hora de elegir algo con lo que entretener a mi hijo, prefiero decantarme por otras opciones. Basándome en esta lista mental de cosas importantes a la hora de enfrentarme a la maternidad, fui poco a poco tomando una serie de decisiones fundamentales.

Miniguía para tomar decisiones sobre la crianza de tu hijo.
Hazte estas preguntas:

- ¿Qué tipo de persona quieres que sea tu hijo?
- ¿Qué es lo más importante para ti?
- ¿Qué comportamientos has visto a tu alrededor que te gustaría aplicar en la crianza de tu hijo?
- ¿Qué actitudes de otros padres o madres has visto que jamás querrías repetir con tu hijo?

Bebé cómodo, mamá cómoda

Uno de los beneficios que tiene ser madre soltera, es que, aparte del bienestar de tu hijo, tu opinión y comodidad son lo único que debes considerar. No tienes que comparar y compartir opiniones con nadie, ni encontrar el punto medio entre dos puntos de vista distintos. Para mí, eso es una tranquilidad enorme; sobre todo, en esos primeros meses tan complicados en los que lo único que puedes hacer es sobrevivir e improvisar. Y una de esas decisiones que pude tomar, porque estaba yo sola, era el tema del colecho. Esto es una cosa muy debatida, incluso controvertida según a quién preguntes, pero, de nuevo, mi opinión al respecto de estas cosas es que deberías hacer lo que se adapte mejor a ti y a tu situación; en mi caso, el colecho era el método perfecto. Desde el principio yo sabía que quería intentar este método; ni siquiera compré una cuna, porque el colecho me parece la forma más cómoda de pasar la noche. Teniendo en cuenta que durante esas primeras semanas de vida de mi bebé iba a tener que despertarme para darle el pecho constantemente, quise encontrar una forma de hacerlo perturbando lo mínimo su sueño y el mío. Según como lo veía, una cuna me obligaría a levantarme de la cama y caminar hacia mi hijo para luego sacarle a él de la comodidad y el calorcito de su cuna para darle el pecho. Yo sabía que esa situación me desvelaría completamente, se me haría bastante desagradable y me costaría mucho volver a conciliar el sueño, por lo que no me parecía descabellado pensar que a mi hijo le fuera a pasar lo mismo. Estando los dos en la misma cama, ninguno tiene que moverse demasiado; simplemente cojo a mi hijo en brazos y, aún en la comodidad de la cama, puedo darle el pecho tranquilamente. Una vez terminado, volvemos a acostarnos en la cama y resulta mucho más fácil, tanto para él como para mí, conciliar el sueño.

Me pareció que tenía mucho sentido y que se adaptaba perfectamente a mis necesidades y a las de mi hijo, así que no lo dudé ni un segundo. Lo que hice fue juntar la cama a la pared; de esta forma,

Leo podría dormir en ese lado y mi cuerpo haría de barrera. Si alguna vez le daba por ponerse a rodar por la cama, no había peligro de que se cayera al suelo. Como estoy soltera, en mi cama solo dormía yo, no tenía una pareja que pudiera moverse en sueños y aplastara sin querer al niño. Además, así lo tenía mucho más cerca y podía escuchar enseguida cualquier problema que surgiera en la noche. Esa comodidad fue el argumento principal que me hizo decantarme por el método del colecho. Una vez que empecé a investigar, quería asegurarme de que no había ningún aspecto que se me estuviese pasando por alto; y descubrí que hay muchos más beneficios que a mí me interesaban. Por ejemplo, el bebé nota que está cerca de su madre, lo que hace que se sienta más seguro y tranquilo, por lo que concilia mejor el sueño y se desarrolla un tipo de apego sano. Esa seguridad ayuda a que el niño tenga la confianza de ser más independiente, que es una de las cosas que yo busco en la crianza de mi hijo.

Beneficios del colecho en mi experiencia:

- Más fácil darle el pecho, en el caso de que se lo des.
- Mucho más cómodo porque no tienes que levantarte cada equis horas a ver cómo está o si llora.
- Más sencillo conciliar el sueño para ambos al mantener un contacto directo.
- Mayor seguridad para el niño y la madre.

Por supuesto, este método funcionaba conmigo y con mi forma de ser madre porque se ajustaba a esa base que yo tenía en mente desde un principio. No soy especialmente partidaria de eso que se hacía antes de dejar que los niños lloren y esperar a que se les pase. Quiero que mi hijo sepa desde pequeño que puede contar conmigo para lo que necesite, por lo que la cercanía al dormir me permite escucharle mejor y estar más pendiente. Tal y como yo lo veo, Leo sabía que tenía cerca todo lo que necesitaba y yo me sentía mucho más segura durmiendo a su lado. Además, tuve la suerte de que, por el tipo de bebé que era Leo, el colecho nos funcionaba perfectamente. Como ya comenté previamente, no tuve ningún problema en darle el pecho a mi hijo, por lo que no necesité biberones, cosa que habría truncado un poco mi idea inicial de no salir de la cama para alimentar a mi hijo. Leo no tuvo tampoco problemas para dormir, por lo que no tenía que levantarme para dormirle cada vez que le daba el pecho y los dos podíamos volver a dormir tranquilamente.

Otra de las decisiones que tenía también bastante claras desde el principio era que prefería recurrir al porteo que al carro. De nuevo, sobre esto hay mil opiniones y todas tendrán su parte de razón, pero para mí el porteo se ajustaba perfectamente a mi estilo de vida y tuve la suerte de que a Leo también le encantó. El razonamiento que yo seguí para decantarme es, de nuevo, la comodidad. Una vez que me recuperé de la cesárea, pudimos empezar a salir los tres (Leo, mi perro Tom y yo) a la calle en familia. Me pareció que lo más cómodo era llevar a mi hijo pegado a mí. El carro se me hacía muy aparatoso, sobre todo cuando quería sacaba a pasear a Tom. Con mi hijo envuelto en un fular, me podía mover más libremente y si a Tom le apetecía meterse en un parque con tierra y barro, no me tenía que preocupar por que el carro no pudiese ir por ahí o se me atascara o que las ruedas acabaran llenas de barro. Para mí, era la mejor solución. Me podía mover mejor, tenía las manos libres y disfrutaba más de los paseos con mi perro y mi hijo.

Igual que con el tema del colecho, el porteo también tiene otros beneficios más allá de mi comodidad, y se alineaban con la idea que tenía sobre la crianza de mi hijo. Lo primero de todo, mantiene a la mamá y al bebé juntitos, lo que hace que ambos se sientan más seguros. El bebé escucha el latido del corazón de su madre y se encuentra más tranquilo y relajado, lo que reduce los lloros y las incomodidades. Al parecer, la posición que tiene el bebé al portear puede ser beneficiosa para una buena digestión con menos gases, así como para que respire mejor y que vaya cogiendo fuerza poco a poco en la espalda y en el cuello, lo que ayudará al bebé a ser más autónomo antes. Al estar pegadito a su mamá, podrá dormir más tranquilo y será más sencillo regular la temperatura, por lo que estará más cómodo. También se dice que contribuye a que la cabeza del bebé no se deforme demasiado, pues al tenerlo todo el día tumbado en la cama y en el carro la cabeza puede aplastarse ligeramente.

El porteo

Tiene muchos beneficios tanto para la mamá o el papá como para el bebé, pero hay que saber hacerlo correctamente. Mi recomendación, y lo que hice, fue tomar un curso de porteo, así te aseguras de que lo puedes hacer de forma segura. Puedes también consultar con un profesional para que te asesore bien de la posición correcta en la que tiene que estar el bebé y también la más beneficiosa para tu espalda. Incluso tu matrona te puede echar una mano.

¿CÓMO CONSIGO INFORMACIÓN DE CALIDAD?

Para mí, decisiones como el colecho o el porteo fueron sencillas de tomar; primero, porque lo tenía bastante claro antes de ponerme a investigar y, segundo, porque se adaptaban mejor a mi estilo de vida. Sin embargo, había otros muchos aspectos sobre los que no sabía muy bien qué postura tomar, además de todas esas decisiones que ni siquiera se te pasan por la cabeza hasta que llega el momento. Cada vez que me ponía a investigar, acababa muy saturada y confusa. Las afirmaciones nunca eran las mismas y parecía que por cada cosa que encontraba y me encajaba llegaba otra opinión que lo desmentía. Por eso, al final llegaba a la misma conclusión: de los únicos de los que me puedo fiar es de los profesionales, gente que se dedica al cuidado de los niños desde que son bebés. Esta idea me hizo estar muy abierta a la opción de apuntarme a cursos impartidos por profesionales, porque de esa manera conseguía información de calidad de primera mano, y esto me hacía sentir mucho más segura que investigando por internet.

Uno de los primeros cursos a los que me apunté fue a uno de primeros auxilios. Como policía, yo he visto absolutamente de todo, he vivido cualquier caso o urgencia que te puedas imaginar. Tengo, por lo tanto, una mentalidad muy enfocada no solo hacia la prevención, sino también a saber qué hacer en situaciones complicadas. En este curso dimos de todo, desde caídas y ahogamientos hasta quemaduras. Aprendí a reaccionar, a estar alerta y a prevenir. Por ejemplo, aprendí a cómo inmovilizar a un niño cuando se cae y se hace mucho daño, para así evitar empeorar la situación hasta que acuda ayuda profesional. Practicábamos estas técnicas con muñecos de plástico, lo que estaba genial. Terminaba esas clases sintiéndome mucho más segura y capaz. Nos contaban unas historias increíbles, de cosas que no te puedes ni imaginar, y eso nos ayudaba a prevenir situaciones similares. También aprendías a reaccionar de la manera apropiada en cuanto al tema emocional, que muchas veces es lo más complicado, porque te bloqueas o entras en pánico y el miedo te paraliza. Yo lo recomiendo mucho, no solo como madre, sino también como policía. En momentos clave, desarrollar habilidades y conocimientos como estos puede ser de gran ayuda.

Siguiendo un poco esa línea de prevención, me aseguraba de introducir a mi hijo en un estilo de vida saludable; otra cosa que tenía muy claro que quería hacer, y que hice, fue a apuntar a mi hijo a natación. Entiendo que al principio pueda dar un poco de reparo que un bebé tan chiquitito esté en el agua, en una piscina tan grande, pero a mí me parece muy importante. No es solo porque quiero que mi hijo aprenda a nadar, y porque creo que es una forma muy sana de hacer ejercicio, sino también como forma de prevención. Aspiro a que mi hijo aprenda a flotar, a sacar la cabeza del agua, a moverse poco a poco sin miedo, a que tenga la confianza suficiente en sí mismo como para poder desplazarse por el agua. La matronatación es muy útil para favorecer el desarrollo psicomotor del bebé, para que vayan adquiriendo agilidad y tengan más libertad de movimientos. También ayuda a fortalecer los músculos, lo que viene genial cuando empiezan a gatear y luego a andar, y a reforzar los sistemas respiratorio, cardiovascular e inmunológico. Eran todo ventajas, además de que es una actividad muy divertida y relajante para practicar con tu hijo.

A la hora de conseguir información sobre la crianza de mi hijo, no me fiaba de cualquier cosa que leyera por internet; siempre pedía consejo a un profesional.

En el día a día, a la hora de recibir consejos recurría siempre al pediatra y a la fisioterapeuta de Leo. No me veía capaz de tomar decisiones importantes basándome solo en lo que leía por internet o en un libro cualquiera que encontraba sobre la maternidad; quería comparar esa información y esas opiniones con los profesionales que nos conocían a mí y a mi hijo. Me parecía la única manera de ir sobre seguro. La decisión de llevar a mi hijo a una fisioterapeuta desde que era muy chiquitito es algo que me llevaba rondando por la cabeza hasta que al final decidí probar a ver qué tal nos encajaba. Había leído que era una opción muy buena e importante, aunque poco conocida. Estoy encantada. Desde el principio fue una ayuda inmensa y me dio mucha seguridad sobre el bienestar de mi hijo. La fisioterapia para bebés es una especialidad que lo que busca es crear una base sólida para que el bebé pueda desarrollar sus habilidades motoras cuanto antes y de forma correcta. También sirve como método de prevención, para detectar cualquier comportamiento fuera de lo común en el desarrollo muscular o en la coordinación. Este tipo de fisioterapia sirve para implementar estrategias que favorecen un crecimiento adecuado, y asegurarse de que el bebé sigue una progresión adecuada en sus movimientos. Para mí todo esto es muy importante, porque, como bien sabes, soy muy deportista y activa, por lo que asegurarme de que mi hijo desarrolla una movilidad y una coordinación adecuadas me parece fundamental. Por otro lado, considero que las sesiones con un fisioterapeuta aportan una perspectiva distinta a la de un pediatra, no mejor, solo diferente, y eso me ha ayudado a la hora de tomar ciertas decisiones sobre la crianza de mi hijo.

Por ejemplo, la fisioterapeuta de Leo me aconsejó tomar un curso sobre lavados nasales como forma de prevenir resfriados y catarros. Que Leo se pusiera malo para mí era un temor bastante grande. Sabía que no era algo que pudiera evitar del todo. Es un niño y los niños se ponen malos, pero quería prevenirlo en la medida de lo posible. No era solo porque temía que mi hijo lo pasara mal, eso creo que es algo común a todas las madres y padres, pero el caso es que, al ser madre soltera, cuidar de un niño enfermo, a la vez que gestionas todos esos aspectos de la vida cotidiana, se me podía complicar. Cualquier medida que ayudara a la prevención de catarros la tenía muy en cuenta. El curso me pareció muy útil y una gran ayuda. Los lavados nasales no son especialmente complicados de hacer, pero debes saber hacerlos. Además, tienes que prepararlo todo para evitar infecciones y no acabar cayendo justo en eso que pretendíamos evitar.

La alimentación

He sido una de esas afortunadas que no ha tenido ningún problema a la hora de darle el pecho a mi hijo. Ya te he contado que, desde el principio, Leo fue capaz de alimentarse perfectamente y sin problemas. Por eso, la lactancia es algo que he disfrutado mucho. Me ha parecido algo maravilloso. Si se produce sin dificultades, ayuda a establecer un vínculo muy bonito entre la madre y el bebé. A Leo le ha encantado siempre, tanto que nunca he conseguido que utilice el biberón. Yo hacía como muchas madres: me sacaba la leche y la metía en el congelador con su fecha. De esta forma, si algún día tenía que dejar a Leo con mi madre, ella podía darle de comer sin ningún problema. Pero a Leo los biberones, y los chupetes no le han gustado nunca. Lo intenté, probé todos los métodos que encontré, de todas las formas y maneras posibles; pero, nada, solo quería teta. Es algo que tuve que aceptar y a lo que me adapté. Estaba claro que no le iba a hacer cambiar de opinión. Hoy, mientras escribo esto, Leo tiene un año y diez meses, y yo aún le doy la teta. Sé que esto es algo controvertido, y que a mucha gente le parece fatal. Mi opinión al respecto es, como ya habrás imaginado, que cada uno puede hacer lo que quiera con su hijo, lo que mejor le funcione, lo que encaje en su día a día. Cuando me preguntan cuándo voy a dejar de darle la teta, mi respuesta es siempre la misma: que esto no es un cronómetro, no tengo una agenda con una fecha establecida para hacer según qué cosas. Estoy disfrutando mucho de esta experiencia y ya pararé cuando lo considere oportuno.

Cuando mi hijo cumplió los cuatro meses, la fisioterapeuta me preguntó qué plan tenía para ir dándole la comida sólida. Esa era una de las cosas a las que yo no le había dado muchas vueltas. En mi cabeza, la única opción eran los potitos, comida triturada como una papilla y ya está. Ni siquiera se me había imaginado que pudiera haber otros métodos. Me parecía que los potitos eran la opción más lógica. Este tema de la alimentación complementaria es otro en el que la fisioterapeuta me ayudó mucho. Fue ella la que me recomendó que me planteara utilizar el método BLW; yo no lo había escuchado en mi vida. El BLW (Baby Lead Weaning) es una forma de introducir alimentos complementarios a los bebés que se basa en acercarle la comida al niño para que se alimente él solo, decidiendo qué comer y cuánta cantidad. En vez de darle puré y papillas, lo que se hace con este método es ofrecerle al bebé trozos de comida blanda que pueda agarrar con las manos y llevarse a la boca. Es un método que me gustó desde el principio, encajaba muy bien en mi forma de ser madre, así que me apunté a un curso para aprender a hacerlo bien.

El BLW

Es un método para introducir la comida sólida a los bebés, sin pasar por la triturada (los famosos purés). Se ofrecen al bebé alimentos blandos del tamaño de un dedo, que puedan agarrar con la mano y llevárselos a la boca ellos mismos.

La recomendación de la fisioterapeuta se debió al tipo de bebé que era Leo. Mi hijo siempre ha sentido mucha curiosidad por la comida, quizá porque le he tenido conmigo en brazos mientras desayunaba, comía o cenaba. He sido y soy una madre de querer cargar con él a todas horas; de hecho, no he sido de dejarle en el capazo, ni en la hamaca ni en la cuna. Además, nunca he tenido ningún problema con la alimentación, Leo ha comido siempre muy bien. Otro de los factores más importantes a la hora de valorar el método BLW es la capacidad motora del bebé: si ya es capaz de coger cosas con las manos y dirigirlas a la boca, si se mantiene erguido sin dificultades... Todas esas cosas que permiten que el bebé pueda ir aprendiendo poco a poco a alimentarse él solito. En el caso de Leo, todos estos aspectos se cumplían sin problema; tuve mucha suerte con mi hijo. Por eso, desde mi experiencia, recomiendo mucho el BLW, porque creo que es una forma maravillosa de que los niños puedan ir cogiendo confianza y autonomía mientras aprenden a disfrutar de la comida. También ayuda a que los niños descubran sus gustos, qué les llama la atención y qué no, y a que descubran diferentes texturas y sabores.

Sin embargo, para poner en práctica este método sí que se necesitan unos conocimientos específicos. No porque sea algo complicado, todo lo contrario, no podía ser más sencillo. Pero hay una serie de cosas que quizá no se te pasarían por la cabeza, pero que deberías tener en cuenta. Por eso, me apunté a un curso en el que me enseñaban a aplicar el BLW de forma segura. Así aprendí qué alimentos podía darle primero y cómo ir introduciendo poco a poco otros nuevos; cómo cortar los alimentos para que el bebé pueda cogerlos con la mano y llevárselos a la boca reduciendo el peligro de asfixia. Nos daban además una tabla con un montón de alimentos y las posibles alergias que el niño podría desarrollar, otro argumento a favor de este método; cualquier alergia se detecta más fácil y mucho antes. Como ves, no son cosas especialmente difíciles. Lo único que necesitas es una guía al principio para poder hacerlo de forma segura y efectiva.

Todas estas decisiones que yo he ido tomando sobre la educación de mi hijo vienen con sus consecuencias. Muchas veces, la mejor opción para Leo no es la mejor opción para mí, o la más fácil. Por ejemplo, sobre el método de la alimentación BLW, sabía que era la mejor opción para mi hijo, lo que más le iba a beneficiar y una forma de comer que le vendría muy bien y que iba a funcionar perfectamente. Sin embargo, eso suponía que mi hijo iba a tirar un montón de comida al suelo, porque al final es un bebé, tiene el control justo de lo que agarra con las manos y adónde va. Esto con un puré o una papilla no pasaría, porque yo me sentaría a su lado y le daría de comer con una cuchara. Sería mucho más sencillo para mí, tendría que limpiar menos y se desperdiciaría menos comida. Pero reconocía que un pequeño sacrificio ahora equivaldría a un beneficio enorme en un futuro. Ahora puedo salir con Leo a un restaurante y él puede comer solito, sin que tenga que estar yo dándole de comer. Además, tengo a Tom, un perro enorme; cualquier cosa que mi hijo tire al suelo no se va a quedar ahí mucho tiempo.

Mi hijo y mi perro son mejores amigos

En mi casa, somos una familia de tres: mi hijo, mi perro y yo. Si me conoces de redes, sabrás que Tom no es precisamente pequeño. Es un gran danés precioso y, por supuesto, muy grande. Cuando la gente ve fotos o vídeos de mi perro con mi hijo, recibo dos tipos de comentarios: primero están los que se las dan de preocupados y me hacen saber que un niño tan pequeño nunca debería estar con un perro tan grande, porque es peligroso y un día va a suceder alguna tragedia; luego están los sorprendidos, los que quieren saber cómo he conseguido que mi perro sea tan bueno y cuidadoso con mi hijo. A los primeros, la verdad, no les hago ni caso. Su preocupación no es más que una crítica poco constructiva y mal disimulada. Para los segundos, sin embargo, sí que tengo una respuesta. No voy a mentir: estoy muy contenta y orgullosa de lo bien que se llevan Tom y Leo: verlos jugar juntos me hace muy feliz. Son muy cuidadosos el uno con el otro y se quieren muchísimo. Son mejores amigos.

Desde que adopté a Tom, siempre he tenido mucho cuidado con él. Era perfectamente consciente de lo grande que iba a ser y de la responsabilidad que eso implica. Tengo a mi perro muy bien educado y enseñado, algo que, en mi opinión, cualquier persona que tenga una mascota debería hacer. No solo los dueños de perros tan grandes como el mío deben educar a sus mascotas, también esas razas más pequeñas, y que a simple vista parecen más inofensivas, necesitan un entrenamiento para que aprendan a seguir las órdenes y a comportarse con cuidado. Yo tengo la suerte de tener un amigo que es especialista en perros, por lo que cada vez que me surgía alguna duda, podía recurrir a él. Por ejemplo, cuando Tom era más pequeño, teníamos problemas para salir a pasear porque tiraba mucho de la correa. Gracias a los consejos de mi amigo, fui capaz de ayudar a Tom para que los dos pudiéramos disfrutar más del paseo. Es por cosas como esta que a mí no me preocupaba en exceso la actitud de mi perro hacia mi hijo. Sabía que, si conseguía hacer una presentación adecuada, Tom querría a Leo tanto como yo. Aunque nunca sabes cómo se va a comportar un animal, y era consciente de que podría suceder alguna que otra sorpresa, estaba tranquila sabiendo que podía confiar en el entrenamiento que había seguido mi perro desde que le adopté.

Cuando me quedé embarazada, noté un cambio destacable en el comportamiento de mi perro. Cuando salíamos a pasear, tenía muchísimo cuidado conmigo, no se separaba de mí más de lo necesario y andaba siempre pegado a mi lado. Incluso cuando le quitaba la correa en un espacio seguro para que saliera a correr tranquilamente, se quedaba bastante cerca. No salía corriendo como hacía antes. Mi amigo me dijo que es porque los perros, con el olfato tan desarrollado que tienen, saben perfectamente cuándo estás embarazada, por lo que tenía mucho sentido que Tom, que me conoce tan bien, cambiara ligeramente su conducta al notarlo. Saber eso me tranquilizó; aunque yo confío mucho en mi perro, porque le conozco muy bien y le tengo muy bien enseñado, no quita que sea un animal, por lo que nunca hay que bajar del todo la guardia.

Es muy importante dedicarle tiempo a la educación de tus mascotas, solo así podrás crear un ambiente seguro para tus hijos y para ti.

Mi pobre Tom ha tenido que adaptarse muchísimo a la llegada de Leo y se ha comportado como un campeón desde el primer día. Todas esas semanas que viajaba a Alicante para hacerme las revisiones con Juana, se venía conmigo, porque no siempre tenía con quién dejarle. Esto era algo que me agobiaba mucho, porque al final es un perro muy grande, y el trayecto no tiene que ser muy agradable para él. Al principio, valoré que se quedara en el coche, pero me preocupaba dejarle mucho rato solo, incluso con la ventanilla bajada. Cuando le expresé, con un poco de miedo, mi temor al equipo de Juana, fueron increíbles, como lo fueron en todos los aspectos durante el proceso. Me dijeron que no me preocupara nada, que Tom se podía quedar conmigo en la clínica mientras me hacía todas las pruebas y revisiones. Eso me dio una tranquilidad tremenda: era una cosa menos de la que preocuparme. Tom estuvo a mi lado mientras veía por primera vez a Leo en una ecografía. Fue un momento precioso y estoy muy agradecida a Juana y a todo su equipo por ponérmelo tan fácil.

Los días que estuve ingresada en el hospital para dar a luz, mi Tom se quedó en casa de mi madre y ya entonces empecé con los primeros pasos que me recomendó mi amigo para crear vínculos entre mi perro y Leo. Lo que hice fue encargarme de que alguien le llevara a Tom cosas de Leo, para que se fuera acostumbrando a su olor y no lo identificara como algo extraño al verle por primera vez. Mi amigo me dijo que lo ideal era llevarle ropita que hubiera llevado Leo durante varias horas y que lo que mejor funcionaba eran gorritos o cosas que hubiera llevado el bebé en la cabeza. Eso hice. Poco a poco, Tom se acostumbró al olor de Leo y cada vez que olía su gorrito lo identificaba como algo familiar. Cuando me dieron el alta y pude volver a casa, me acerqué yo sola a saludar a Tom. Dejé a Leo a un lado en su carrito y me quedé un buen rato con Tom. Hacía varios días que no nos veíamos y nos habíamos echado de menos el uno al otro. Mi amigo me dijo que era mejor hacerlo así; que primero fuera yo sola y luego le presentara a Leo, porque si entraba en la habitación con Leo, el perro se podía quedar un poco confuso y reaccionar de alguna forma inesperada. Después de pasar un buen rato con Tom, me acerqué con el carrito de Leo. Tom se aproximó con mucho cuidadito, lo miró y lo olió con atención. Y el resto es historia. Tom siempre ha tenido un gran cuidado con Leo, también porque yo he estado muy pendiente y he cortado cualquier comportamiento que fuera demasiado brusco. Por supuesto, me he asegurado de que mi hijo tenga el mismo cuidado con Tom. No quiero que Leo sea de esos niños que saltan encima de los perros y les tiran de las orejas. Deseo que sea respetuoso, igual que Tom lo es con él. No podía haber tenido más suerte, ni con mi perro ni con mi hijo. Son maravillosos y se quieren un montón.

Recomendaciones para introducir un nuevo miembro de la familia a tu mascota

- Antes de presentarles, llévale ropita del bebé, preferiblemente un gorrito o similar, para que tu mascota se familiarice con su olor.
- Al entrar en casa, saluda primero a tu mascota, hace varios días que no te ve y seguro que te ha echado de menos.
- Después acércale con cuidado al bebé (a veces se acercan solos), vigila la reacción de tu mascota y asegúrate de que no se pone nervioso.
- Lo más importante es que tú también mantengas la calma. Si te nota nerviosa, se pondrá más nervioso.

Epílogo. Soy madre primeriza con cincuenta años

Después de catorce meses de baja, he vuelto al trabajo. No sabía muy bien qué esperar: si me agobiaría dejar a Leo, o si me costaría concentrarme en mi trabajo y recuperar el ritmo del día a día. Al final, llevaba más de un año en el que solo pensaba en mi hijo y no sabía muy bien cómo iba a gestionar el separarme de él. Pero, para mi sorpresa, me encuentro mejor que nunca. La vuelta al trabajo y a la rutina la he cogido con muchas ganas; ha sido como volver de golpe al mundo real y creo que era justo lo que necesitaba. Supongo que es algo que les pasa a muchas madres: después de meses en los que lo único que hay a tu alrededor son tu hijo y sus pañales, se agradece regresar a un entorno con adultos y hablar de cosas que no tengan nada que ver con la maternidad. No me malinterpretes: estoy contentísima de ser madre; es lo que siempre había querido, pero, la verdad, me ha sentado muy bien salir un poco de ese papel y reencontrarme con la Susana que es policía y patrulla por las noches con sus compañeros. Mi trabajo también es mi vía de escape, mi forma de volver a ser yo, de sentirme una mujer adulta que vive más allá de los pañales. La vuelta al trabajo me ha dado la oportunidad de volver a ser yo o, más bien, de descubrir quién soy ahora que, además de Susana, policía y deportista, soy también madre.

Mucha gente me pregunta si la maternidad ha influido en cómo me enfrento a mi trabajo; si me ha afectado en algo para bien o para mal. Es una pregunta muy normal; dedicándome a lo que me dedico, es natural pensar que tus esquemas mentales puedan cambiar ahora que eres responsable de otra vida. Sin embargo, me enfrento a mi día a día como policía con las mismas ganas de antes, si no más. De hecho, si ha influido ha sido para bien. Siempre he sido una persona muy prudente, valoro con cuidado la situación en la que estoy a punto de meterme, así como las consecuencias; tras ser madre, soy aún más prudente. Afortunadamente, me alegra decir que no le he cogido miedo. Es decir, las situaciones peligrosas no me afectan más que antes y sigo siendo capaz de mantener la mente fría cuando es necesario. De hecho, cuando nos llega un aviso, no me entran dudas ni miedo; más bien, voy con más ganas. El hecho de tener a un niño pequeño esperándome en casa me da fuerzas para enfrentarme a situaciones complicadas, sean las que sean. Nunca he dudado en acudir a cualquier aviso, y ahora aún menos. Ahora que sé lo que es tener a un hijo, ¿cómo no voy a acudir a una situación de violencia doméstica en la que puede haber niños involucrados? ¿Cómo no voy a tener aún más cuidado en mi trabajo? ¿Cómo no voy a intentar dar todo de mí sabiendo que mi hijo me está esperando en casa? Esa vocación de ayudar y proteger a los demás solo ha aumentado desde que soy madre.

Mi vida personal sí ha cambiado completamente, como era de esperar; todo mi mundo gira en torno a Leo. Al final de un duro día de trabajo, vuelvo a casa con muchas ganas de ver a mi hijo, de tumbarme a su lado en la cama. No es sencillo compaginar mi turno de noche con cuidar de un bebé, pero creo que con un turno de día las cosas serían aún más complicadas. Mi rutina actual, ahora que he regresado al trabajo, consiste en tratar de dormir un par de horas entre que llego de trabajar y mi hijo se levanta para llevarle a la escuela infantil. Después, muchas mañanas entreno a mis opositores, otras entreno yo, hago las tareas de casa, cuido de mi perro e intento recuperar algo de sueño hasta que llega la hora de recoger a Leo. Pasamos toda la tarde juntos, con Tom, hasta la hora de cenar. Acuesto a Leo y me voy a trabajar. Por supuesto que no le dejo solo. He podido arreglar un poco mis finanzas para poder permitirme que una persona se quede con Leo por las noches, mientras yo trabajo. Esta es la manera de organizar mi vida en la que Leo sale más beneficiado. Yo me voy a trabajar muy tranquila, sabiendo que mi niño está dormido. Mientras trabajo, no estoy preocupada de que mi hijo me eche de menos, porque seguro que la mayor parte del tiempo ni siquiera nota que su madre no está en casa. Además, puedo trabajar más tranquila, porque no me tengo que preocupar de volver a casa corriendo para recogerle ni llevarle a la escuela, y puedo pasar mucho tiempo con él a lo largo del día.

Seguramente, pensarás que es un ritmo de vida extremo, que duermo poco y que eso no es sano. Ya lo sé, pero es un sacrificio que estoy dispuesta a asumir. Además, llevo lidiando desde que comencé a trabajar con la falta de sueño y los cambios constantes de horario, por lo que para mí no es nada nuevo, más bien todo lo contrario. Estoy acostumbrada a funcionar con menos horas de sueño, a aprovechar cualquier momento para recuperarlas y a ser capaz de cuidar mi cuerpo, incluso con una rutina tan aparentemente caótica. Llevo muchos años trabajando en el turno de noche y este ritmo de vida no supone el mismo sacrificio para mí que para otra persona. Además, como soy policía, en nueve años podré jubilarme, lo que significa que me falta muy poco para poder dedicarle el cien por cien de mi tiempo a mi hijo. Unos años algo más frenéticos para mí no me suponen un sacrificio tan grande; sobre todo, sabiendo que Leo va a ser mi único hijo. No voy a vivir esto otra vez, por lo que quiero aprovechar hasta el último minuto.

Cada día que pasa, estoy más y más convencida de que es así como se suponía que tenía que ir mi vida. Llevo casi dos años siendo mamá y nada me ha hecho dudar de mi decisión. Me produce gracia saber que hay gente que piensa que lo habría hecho mejor hace veinte años. No tienen ni idea. Se nota que no me conocen en absoluto y que no saben lo que significa la maternidad. Considero que he sido madre en el momento correcto y eso me da las fuerzas que necesito para seguir adelante y disfrutar de cada día que paso con mi hijo. No me comparo con madres más jóvenes, ni pienso que ellas lo hacen mejor que yo, y desde luego tampoco creo que yo lo haga necesariamente mejor que ellas. Nunca he pensado que sea menos válida para ser la madre de mi hijo que una mujer más joven. En mi día a día, no hay momentos que me hagan desear tener menos años, ni he vivido ninguna situación incómoda en la que alguien haya dudado de que yo sea la madre de mi hijo. De hecho, no se me ocurre ni una sola situación desagradable que tenga que ver con mi edad y la relación que tiene eso con mi maternidad. Sin embargo, no puedo decir lo mismo de las redes sociales. Ahí, como bien sabes, recibo mensajes todos los días con contenido muy desagradable al respecto. Las redes le dan a la gente el poder de decir lo que quiera sin atenerse a las consecuencias. Por fortuna, siendo el tipo de persona que soy, puedo permitirme no darle ni la más mínima importancia a esos comentarios.

Pero no quiero que pienses que esta convicción que tengo de mi capacidad de ser madre signifique que lo haga todo bien, que no me equivoque nunca y que siempre sepa lo que debo hacer. Nada más lejos de la realidad. Por supuesto ha habido momentos en los que he dudado sobre cómo actuar o sobre cuál era la mejor opción; sería ridículo, y totalmente mentira, si dijera lo contrario. Pero eso no tiene nada que ver con mi edad; es parte de lo que significa ser madre. Aquí nadie nace sabiendo y muchas veces tienes que equivocarte para ir haciéndolo cada vez mejor. Porque cualquier madre primeriza ha tenido dudas. Por muchos libros que leas y cursos que tomes, tu hijo no viene con un manual de instrucciones, por lo que no te queda otra opción más que tomar la decisión que sientes correcta y confiar plenamente en tus capacidades. Eso es algo que tenemos en común todas las madres primerizas, tengan la edad que tengan. Tampoco quiero que pienses que tengo una visión completamente idealizada de lo que significa ser madre a mi edad, créeme que soy perfectamente consciente de lo que eso implica.

No nacemos con un manual de instrucciones en la mano que nos enseñe a ser madres ni padres. Nos equivocaremos, pero los errores nos ayudarán a hacerlo cada vez mejor.

A lo que me refiero con esto es que al final acabaré pasando menos tiempo con mi hijo que lo que pasará una mujer que fue madre a los treinta. Eso es puro sentido común y lo supe desde el principio. Por supuesto, que el tiempo que pasamos en este mundo no es algo que podamos controlar ni predecir; es imposible saber si tu vida se acabará con treinta y cinco, con cincuenta o con noventa años. Pero, en la mayoría de los casos, si la vida sigue su curso sin ninguna sorpresa desagradable, la realidad es esa: que yo pasaré menos tiempo con mi hijo. Estoy siendo total y absolutamente sincera cuando te digo que ese es el único inconveniente que le veo a lo de ser madre más tarde. Sin embargo, honestamente, nunca me ha parecido un motivo suficiente como para hacerme creer que debería haber renunciado a mi sueño. De nuevo, yo no soy quién para dar lecciones de vida a nadie, ni quiero que tomes esto como una señal de que te estoy diciendo a qué edad debes ser madre. Todo lo contrario, más bien quiero transmitirte que no hay una edad correcta, que pretender que todos sigamos el mismo camino es absurdo. Yo he sido madre a los cincuenta, y tú, si eso es lo que quieres, puedes serlo a la edad que te dé la gana. Nadie tiene derecho a imponerte unos tiempos en tu vida.

A día de hoy, no puedo estar más orgullosa de mí misma. Todavía Leo es pequeño y queda mucha vida por delante, pero pienso en aquella mujer que no sabía ni cambiar un pañal y sonrío. Leo come y duerme bien, es alegre, curioso y tranquilo. Se adapta a todo con una naturalidad que me sorprende. Y yo, que tenía tanto miedo de no saber hacerlo, he aprendido sobre la marcha. No soy perfecta, no sigo un manual (no lo hay), pero todo lo hago con entrega y amor.

Estoy orgullosa de las decisiones que he tomado: de haber dado el paso a mis cincuenta años, de haberlo hecho sola, de apostar por la lactancia hasta que él quiera dejarla, de evitar las pantallas y de criar desde la calma. No porque todo sea fácil, sino porque sé que he actuado desde la coherencia y siendo fiel a mí misma.

Creo firmemente que nunca es tarde para cumplir tu objetivo; esas cosas no tienen una fecha de caducidad y si existe una posibilidad, por muy pequeña que sea, de conseguir lo que quieres, te animo a que lo intentes. Si hay algo que espero que te lleves contigo de este libro, ahora que ya estamos terminando, es que tu edad no es la que determina tu capacidad para hacer nada. Más bien son tus ganas, tu mentalidad y la confianza en ti lo que te da el empujón necesario para perseguir tus sueños. Y, aunque las cosas no siempre salen como teníamos planeado, eso no quiere decir que hayas fracasado o que lo estés haciendo mal. Simplemente significa que te va a tocar hacer las cosas de otra manera, y eso está bien. Nadie puede decirte lo que debes o lo que no debes hacer, ni cuándo ni cómo. Eso es cosa tuya. Por mucho que la sociedad te empuje a seguir un camino, no te dejes llevar. Construye el tuyo propio. Atrévete a hacer las cosas a tu manera, porque esa es la única certeza que tenemos las personas de conseguir ser felices y cumplir nuestros objetivos. Al menos eso es lo que yo he aprendido. No dejes que el miedo te detenga y lánzate a cumplir tus sueños.

Carta a Leo

Hola, Leo:

Mamá te escribe esta carta para contarte una cosita; algo que espero que no te sorprenda después del tiempo que llevamos tú y yo juntos, que ya lo hayas vivido y sentido así. Fuiste, eres y serás un sueño hecho realidad, y jamás imaginé que pudiera ser posible. A estas alturas ya me conoces, y sabes que no soy el tipo de persona que pide permiso para ser feliz. Soy más de luchar cada día por lo que quiero; y lo que quiero, lo que siempre he querido, eres tú.

Cuando llegaste a mi vida, yo ya llevaba mucho tiempo esperándote. Has sido un regalo desde que naciste. Con apenas días, sonreías y hacías cosas increíbles; ya entonces eras una persona extraordinaria. Aun así, ha habido veces que te miraba y no sabía qué hacer contigo, con un bebé en mis brazos, pero siempre me lo pusiste tan fácil, con tu incesante sonrisa y esa personalidad tan tuya, que hasta las decisiones más complicadas y los momentos más duros se hacían más llevaderos contigo a mi lado. Pasase lo que pasase, tú y yo siempre hemos sabido seguir adelante, por muy difícil que fuera, porque tu alegría podía con todo.

Quiero que sepas que me esforcé y me esforzaré cada día por que tengas la mejor infancia y que la recuerdes así, llena de risas y amor. Eres un chico muy inteligente, tranquilo, sano y feliz, por lo que no me cabe duda de que tienes ante ti una vida maravillosa, que es justo lo que mereces. Debes saber que elijas el camino que elijas en tus estudios, en tu desarrollo personal o en tus objetivos, yo estaré ahí para apoyarte. Estoy segura de que conseguirás todo lo que te propongas, porque ya eres un hombrecito muy válido.

También quiero que sepas que si alguien intenta hacerte sentir mal porque tu mamá es mayor que las demás o porque no tienes papá, ten la certeza de que te traje al mundo para que seas feliz y tengas una vida plena. Sé que con el carácter que te estoy forjando, nada de eso te podrá afectar, pero si algún día tienes dudas o hay algo que desees saber, mamá te contará todo lo que quieras. Ojalá el día de mañana estés orgulloso de mí, como lo estoy yo cada segundo de ti.

Te amo, hijo, y daré la vida por ti. Siento que ya he vivido tanto que lo que me quede es solamente para dedicártelo a ti, así que cuenta con mamá siempre. Seré tu mejor aliada y el bastón más fuerte para sujetarte.

Gracias por haber aparecido tú, y solo tú, Leo, y que sigamos construyendo un gran camino juntos.

Mamá